Zahlenzauber 2

Arbeitsheft
für die Grundschule

Allgemeine Ausgabe

Erarbeitet von
Bettina Betz
Angela Bezold
Ruth Dolenc-Petz
Carina Hölz
Hedwig Gasteiger
Petra Ihn-Huber
Christine Kullen
Elisabeth Plankl
Beatrix Pütz
Carola Schraml
Karl-Wilhelm Schweden

Unter Beratung von
Juliane Leuders

Illustriert von
Mathias Hütter
Renate Möller

Ich bin Bim.

Ich bin Simsala.

Und ich bin Eulalia.

Oldenbourg Schulbuchverlag, München

Ergebnisse überprüfen

In diesem Heft findest du ein **Lösungsheft**.
So kannst du damit arbeiten:
Fülle alle Aufgaben einer Seite komplett aus.
Wenn du nachgerechnet hast, darfst du mit dem Lösungsheft vergleichen.

Zeichenerklärung

⭐	Aufgaben für Mathe-Experten
	Offene Aufgaben
📖	Schreibe die Aufgabe in dein Lerntagebuch.
S B S. 4/5	Vergleiche dazu diese Seite im Schulbuch.
Grundwissen-Seiten	Das solltest du wissen.
Bist-du-fit-Seiten	Hier kannst du noch üben.

Farberklärung

Zahlen und Operationen
Zahlen bis 100 erfassen

Zahlen und Operationen
Plus- und Minusrechnen bis 20
Plus- und Minusrechnen bis 100
Malnehmen und Teilen

Sachsituationen

Größen und Messen

Daten, Häufigkeiten, Wahrscheinlichkeiten

Raum und Form

Grundwissen/Bist-du-fit?

In der Schatzhöhle

① Es sind immer 20 Plättchen.
Ergänze das Zwanzigerfeld und schreibe die Rechnung auf.

a) $10 + \underline{10} = 20$ b) $5 + \underline{15} = 20$ c) $4 + \underline{16} = 20$

d) $\underline{12 + 8 = 20}$ e) $\underline{7 + 13 = 20}$ f) $\underline{18 + 2 = 20}$

② Zerlege.

(11)	(13)	(16)	(19)
$10 + 1$	$10 + \underline{3}$	$8 + \underline{8}$	$10 + \underline{9}$
$5 + \underline{6}$	$9 + \underline{4}$	$7 + \underline{9}$	$9 + \underline{10}$
$6 + \underline{5}$	$5 + \underline{8}$	$9 + \underline{7}$	$5 + \underline{14}$
$9 + \underline{2}$	$1 + \underline{12}$	$10 + \underline{6}$	$15 + \underline{4}$
$2 + \underline{9}$	$2 + \underline{11}$	$5 + \underline{11}$	$1 + \underline{18}$

③ Zahlenfolgen

a) 0 2 4 6 $\underline{8}$ $\underline{10}$ $\underline{12}$ $\underline{14}$ 16 $+2$

b) 16 15 14 13 $\underline{12}$ $\underline{11}$ $\underline{10}$ $\underline{9}$ 8 -1

c) 20 17 14 $\underline{11}$ $\underline{8}$ $\underline{5}$ 2 -3

d) 1 3 4 6 7 $\underline{9}$ $\underline{10}$ $\underline{12}$ $\underline{13}$ 15 $+2$ $+1$

⭐ e) 10 8 $\underline{11}$ 9 $\underline{12}$ $\underline{10}$ $\underline{13}$ 11 -2 $+3$

📖 Schreibe weitere Zahlenfolgen in dein 📖.

4

Plus- und Minusaufgaben bis 20 üben ①

① Verbinde verwandte Aufgaben. Rechne.

a) $12 + 5 = \underline{17}$ $13 + 4 = \underline{17}$ $16 + 3 = \underline{19}$ $11 + 6 = \underline{17}$

$6 + 3 = \underline{9}$ $1 + 6 = \underline{7}$ $2 + 5 = \underline{7}$ $3 + 4 = \underline{7}$

b) $16 - 3 = \underline{13}$ $19 - 5 = \underline{14}$ $18 - 6 = \underline{12}$ $15 - 4 = \underline{11}$

$8 - 6 = \underline{2}$ $9 - 5 = \underline{4}$ $5 - 4 = \underline{1}$ $6 - 3 = \underline{3}$

② Finde die verwandte Aufgabe. Rechne.

a) $15 - 2 = \underline{13}$ $18 - 7 = \underline{11}$ $19 - 8 = \underline{11}$ $14 - 3 = \underline{11}$

$5 - \underline{2} = 3$ $8 - \underline{7} = 1$ $9 - \underline{8} = 1$ $4 - \underline{3} = 1$

b) $16 + 3 = \underline{19}$ $14 + 3 = \underline{17}$ $15 + 0 = \underline{15}$ $17 + 1 = \underline{18}$

$6 + \underline{3} = 9$ $4 + \underline{3} = 7$ $5 + \underline{0} = 5$ $7 + \underline{1} = 8$

③ Schreibe die passende Umkehraufgabe auf. $11 + 4 = 15$ $15 - 4 = 11$

a) $15 + 3 = \underline{18}$ $12 + 5 = \underline{17}$ $13 + 6 = \underline{19}$

$18 \ominus 3 = 15$ $17 \ominus 5 = 12$ $19 \ominus 6 = 13$

b) $18 - 2 = \underline{16}$ $17 - 4 = \underline{13}$ $14 - 3 = \underline{11}$

$16 \oplus 2 = 18$ $13 \oplus 4 = 17$ $11 \oplus 3 = 14$

c) $19 - 6 = \underline{13}$ $11 + 6 = \underline{17}$ $18 - 5 = \underline{13}$

$13 \oplus 6 = 19$ $17 \ominus 6 = 11$ $13 \oplus 5 = 18$

5

Plus- und Minusaufgaben bis 20 üben ②

① Drei Zahlen – vier Aufgaben. Rechne.

a) 5 12 17 b) 18 7 11 c) 14 5 9

a)	b)	c)
$5 + 12 = 17$	$11 + 7 = 18$	$5 + 9 = 14$
$12 + 5 = 17$	$7 + 11 = 18$	$9 + 5 = 14$
$17 - 12 = 5$	$18 - 7 = 11$	$14 - 9 = 5$
$17 - 5 = 12$	$18 - 11 = 7$	$14 - 5 = 9$

② Wähle eine passende dritte Zahl. Rechne.

a) 2 17 15 b) 6 13 7 c) 7 5 12

z.B.	z.B.	z.B.
$2 + 15 = 17$	$6 + 7 = 13$	$7 + 5 = 12$
$15 + 2 = 17$	$7 + 6 = 13$	$5 + 7 = 12$
$17 - 15 = 2$	$13 - 7 = 6$	$12 - 5 = 7$
$17 - 2 = 15$	$13 - 6 = 7$	$12 - 7 = 5$

③ Rechne und setze die Päckchen fort.

a)	b)	c)
$8 + 2 = \underline{10}$	$18 - 0 = \underline{18}$	$16 - 5 = \underline{11}$
$10 + 2 = \underline{12}$	$18 - 2 = \underline{16}$	$15 - 4 = \underline{11}$
$12 + 2 = \underline{14}$	$18 - 4 = \underline{14}$	$14 - 3 = \underline{11}$
$14 + 2 = \underline{16}$	$18 - 6 = \underline{12}$	$13 - 2 = \underline{11}$
$16 + 2 = \underline{18}$	$18 - 8 = \underline{10}$	$12 - 1 = \underline{11}$
$18 + 2 = \underline{20}$	$18 - 10 = \underline{8}$	$11 - 0 = \underline{11}$

⭐ ④ Rechne. Welche Aufgabe passt nicht ins Päckchen? Kreuze sie an ☒.

a)
$20 - 2 = \underline{18}$ ☐
$20 - 4 = \underline{16}$ ☐
$20 - 6 = \underline{14}$ ☐
$20 - 7 = \underline{13}$ ☒
$20 - 10 = \underline{10}$ ☐

b)
$15 + 5 = \underline{20}$ ☐
$14 + 4 = \underline{18}$ ☐
$13 + 3 = \underline{16}$ ☐
$12 + 2 = \underline{14}$ ☐
$11 + 0 = \underline{11}$ ☒

c)
$20 + 0 = \underline{20}$ ☐
$19 + 1 = \underline{20}$ ☐
$18 + 3 = \underline{21}$ ☒
$17 + 3 = \underline{20}$ ☐
$16 + 4 = \underline{20}$ ☐

Überlege, warum die Aufgabe nicht passt.

6

Vorwärts über die 10

① Rechenwege

Ich rechne geschickt, dann geht es schneller.

a) Verdoppeln / Nachbaraufgaben

$8 + 7 = \underline{15}$ $6 + 5 = \underline{11}$ $6 + 7 = \underline{13}$ $8 + 9 = \underline{17}$
$8 + 8 = 16$ z.B. $6 + 6 = 12$ z.B. $6 + 6 = 12$ z.B. $8 + 8 = 16$

b) Tauschaufgabe

$3 + 8 = \underline{11}$ $4 + 7 = \underline{11}$ $5 + 8 = \underline{13}$ $3 + 9 = \underline{12}$
$8 + 3 = 11$ $7 + 4 = 11$ $8 + 5 = 13$ $9 + 3 = 12$

c) Nahe an der 10

$4 + 9 = \underline{13}$ $4 + 8 = \underline{12}$ $6 + 9 = \underline{15}$
$4 + 10 - 1 = 13$ $4 + 10 - 2 = 12$ $6 + 10 - 1 = 15$

d) Zwischenstopp bei 10

$8 + 6 = \underline{14}$ $7 + 5 = \underline{12}$ $6 + 7 = \underline{13}$ $5 + 8 = \underline{13}$
$+2$ $+4$ $+3$ $+2$ $+4$ $+3$ $+5$ $+3$
8 10 14 7 10 12 6 10 13 5 10 13

$5 + 7 = \underline{12}$ $7 + 8 = \underline{15}$ $7 + 4 = \underline{11}$ $8 + 4 = \underline{12}$
$+5$ $+2$ $+3$ $+5$ $+3$ $+1$ $+2$ $+2$
5 10 12 7 10 15 7 10 11 8 10 12

e)
$8 + 7 = \underline{15}$ $6 + 9 = \underline{15}$ $5 + 9 = \underline{14}$ $8 + 4 = \underline{12}$
2 5 4 5 5 4 2 2

$7 + 6 = \underline{13}$ $8 + 3 = \underline{11}$ $6 + 8 = \underline{14}$ $5 + 8 = \underline{13}$
3 3 2 1 4 4 5 3

② Rechne auf deinem Weg im Kopf.

a) $3 + 9 = \underline{12}$ b) $5 + 6 = \underline{11}$ c) $6 + 8 = \underline{14}$ d) $6 + 9 = \underline{15}$
$8 + 4 = \underline{12}$ $9 + 4 = \underline{13}$ $8 + 3 = \underline{11}$ $5 + 8 = \underline{13}$
$9 + 5 = \underline{14}$ $4 + 8 = \underline{12}$ $2 + 9 = \underline{11}$ $7 + 6 = \underline{13}$

7

Zahlenzauber 2 – Arbeitsheft © 2016 Cornelsen Schulverlage GmbH, Berlin. Alle Rechte vorbehalten.

Zahlenzauber 2 – Lösungsheft © 2016 Cornelsen Schulverlage GmbH, Berlin. Alle Rechte vorbehalten.

① Rechenwege

Auch bei minus kann man geschickt rechnen.

a) Die Hälfte

$12 - 6 = 6$ $10 - 5 = 5$ $20 - 10 = 10$ $14 - 7 = 7$

$18 - 9 = 9$ $16 - 8 = 8$ $8 - 4 = 4$ $22 - 11 = 11$

b) Nahe an der 10

$14 - 9 = 5$
$14 - 10 + 1 = 5$

$13 - 9 = 4$
$13 - 10 + 1 = 4$

$17 - 9 = 8$
$17 - 10 + 1 = 8$

$15 - 9 = 6$
$15 - 10 + 1 = 6$

$18 - 9 = 9$
$18 - 10 + 1 = 9$

$12 - 9 = 3$
$12 - 10 + 1 = 3$

c) Zwischenstopp bei 10

$13 - 7 = 6$ (-4 -3)   6 10 13

$13 - 5 = 8$ (-2 -3)   8 10 13

$14 - 5 = 9$ (-1 -4)   9 10 14

$11 - 4 = 7$ (-3 -1)   7 10 11

$12 - 5 = 7$ (-3 -2)   7 10 12

$15 - 8 = 7$ (-3 -5)   7 10 15

$11 - 6 = 5$ (-5 -1)   5 10 11

$16 - 7 = 9$ (-1 -6)   9 10 16

d)

$14 - 6 = 8$ 4 2

$12 - 7 = 5$ 2 5

$15 - 7 = 8$ 5 2

$12 - 8 = 4$ 2 6

$17 - 8 = 9$ 7 1

$11 - 6 = 5$ 1 5

$15 - 6 = 9$ 5 1

$12 - 5 = 7$ 2 3

② Rechne auf deinem Weg im Kopf.

a) $12 - 9 = 3$
$13 - 6 = 7$
$10 - 5 = 5$

b) $11 - 6 = 5$
$17 - 9 = 8$
$12 - 8 = 4$

c) $13 - 8 = 5$
$11 - 3 = 8$
$15 - 9 = 6$

d) $18 - 9 = 9$
$11 - 8 = 3$
$12 - 6 = 6$

8

+	0	1	2	3	4	5	6	7	8	9	10
0	0+0	0+1	0+2	0+3	0+4	0+5	0+6	0+7	0+8	0+9	0+10
1	1+0	1+1	1+2	1+3	1+4	1+5	1+6	1+7	1+8	1+9	1+10
2	2+0	2+1	2+2	2+3	2+4	2+5	2+6	2+7	2+8	2+9	2+10
3	3+0	3+1	3+2	3+3	3+4	3+5	3+6	3+7	3+8	3+9	3+10
4	4+0	4+1	4+2	4+3	4+4	4+5	4+6	4+7	4+8	4+9	4+10
5	5+0	5+1	5+2	5+3	5+4	5+5	5+6	5+7	5+8	5+9	5+10
6	6+0	6+1	6+2	6+3	6+4	6+5	6+6	6+7	6+8	6+9	6+10
7	7+0	7+1	7+2	7+3	7+4	7+5	7+6	7+7	7+8	7+9	7+10
8	8+0	8+1	8+2	8+3	8+4	8+5	8+6	8+7	8+8	8+9	8+10
9	9+0	9+1	9+2	9+3	9+4	9+5	9+6	9+7	9+8	9+9	9+10
10	10+0	10+1	10+2	10+3	10+4	10+5	10+6	10+7	10+8	10+9	10+10

① Färbe …

a) … alle Verdopplungsaufgaben rot.

b) … alle Aufgaben mit Ergebnis 10 grün.

c) … alle ⑤+ oder +⑤ Aufgaben gelb.

② Rechne die Aufgaben aus Aufgabe ① schnell im Kopf.

③ Rechne. Suche die Aufgaben in der ①+① Tabelle.

a) $10 + 3 = 13$
$10 + 5 = 15$
$10 + 4 = 14$

b) $10 + 1 = 11$
$10 + 9 = 19$
$10 + 0 = 10$

c) $13 = 10 + 3$
$15 = 10 + 5$
$14 = 10 + 4$

d) $16 = 10 + 6$
$18 = 10 + 8$
$17 = 10 + 7$

④ Rechne die Nachbaraufgaben. Was fällt dir auf?

$3 + 4 = 7$ z.B. $8 + 7 = 15$ z.B. $6 + 5 = 11$ z.B. $7 + 6 = 13$
$4 + 4 = 8$ $8 + 8 = 16$ $6 + 6 = 12$ $7 + 7 = 14$
$5 + 4 = 9$ $8 + 9 = 17$ $6 + 7 = 13$ $7 + 8 = 15$

9

① Das machen die Kinder der Klasse 2a am liebsten:

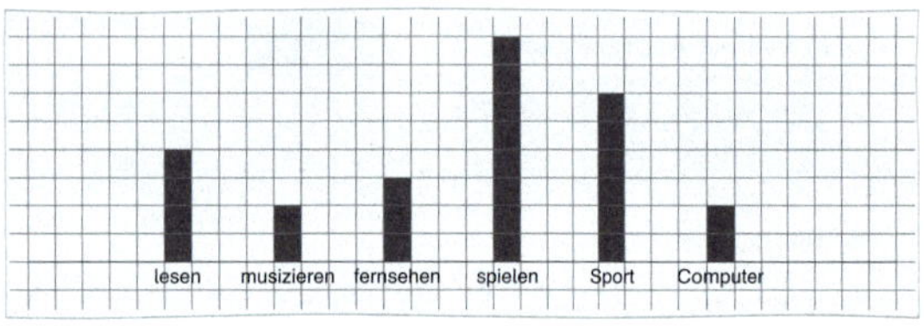

Lies das Schaubild. 1 ■ bedeutet 1 Kind.

Wie viele Kinder sind es jeweils, die am liebsten …?

… lesen 4   … musizieren 2   … fernsehen 3

… spielen 8   … Sport treiben 6   … am Computer sitzen 2

② Bei Sport und Spiel fragten die Kinder genauer nach. Zeichne die Ergebnisse in das Schaubild ein.

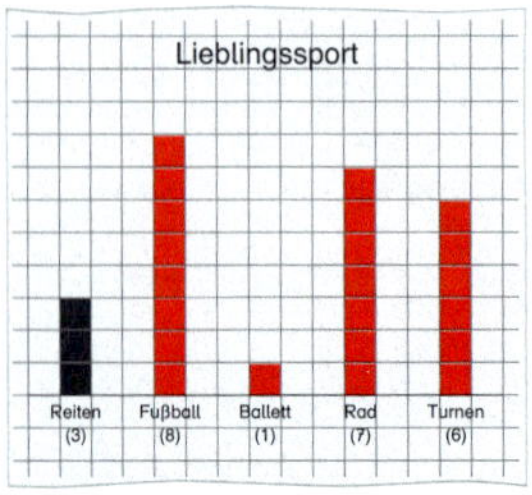

Lieblingssport — Reiten (3), Fußball (8), Ballett (1), Rad (7), Turnen (6)

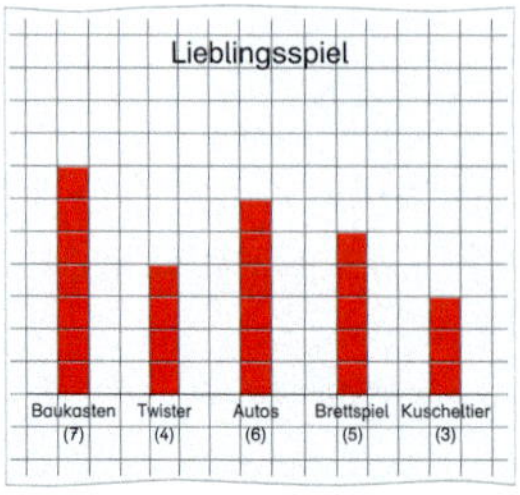

Lieblingsspiel — Baukasten (7), Twister (4), Autos (6), Brettspiel (5), Kuscheltier (3)

③ Ergänze die Aussagen richtig.

Die liebste Freizeitbeschäftigung der Klasse 2a ist *spielen*.

Der Lieblingssport ist *Fußball*.

Das Lieblingsspiel ist *Baukasten*.

④ Wie viele Kinder sind in der Klasse 2a? In der Klasse 2a sind 25 Kinder.

10

① Färbe alle geraden Zahlen blau und alle ungeraden Zahlen rot.

Was fällt dir auf?

0 1 2 3 4 5 6 7 8 9 10 11 12 13 14 15 16 17 18 19 20

Bei geraden Zahlen steht an der Einerstelle *0, 2, 4, 6, 8 (eine gerade Zahl)*.

Bei ungeraden Zahlen steht an der Einerstelle *1, 3, 5, 7, 9 (eine ungerade Zahl)*.

② Rechne. Färbe gerade Zahlen blau, ungerade Zahlen rot. Färbe auch das Ergebnis.

a) $12 + 6 = 18$
$6 + 8 = 14$
$16 + 4 = 20$
$2 + 14 = 16$

b) $10 + 7 = 17$
$8 + 5 = 13$
$4 + 9 = 13$
$16 + 3 = 19$

c) $9 + 8 = 17$
$13 + 2 = 15$
$7 + 8 = 15$
$15 + 4 = 19$

d) $17 + 3 = 20$
$3 + 9 = 12$
$5 + 7 = 12$
$11 + 5 = 16$

Finde die Regeln für die Zahlen:

gerade + gerade = *gerade*

ungerade + ungerade = *gerade*

gerade + ungerade = *ungerade*

ungerade + gerade = *ungerade*

Finde selbst Aufgaben mit geraden und ungeraden Zahlen. Schreibe sie in dein 📖.

③ Ist die Rechnung richtig oder falsch? Streiche das falsche Ergebnis durch und verbessere es.

a) gerade + gerade

$8 + 6 = 14$ ✓
$4 + 6 = 11$ 10
$12 + 8 = 20$ ✓
$12 + 6 = 17$ 18
$16 + 2 = 18$ ✓
$14 + 4 = 19$ 18

b) ungerade + ungerade

$7 + 5 = 12$ ✓
$9 + 3 = 11$ 12
$13 + 3 = 16$ ✓
$3 + 17 = 20$ ✓
$11 + 7 = 19$ 18
$9 + 9 = 17$ 18

c) ungerade + gerade

$5 + 8 = 14$ 13
$3 + 12 = 15$ ✓
$7 + 6 = 13$ ✓
$17 + 2 = 18$ 19
$9 + 8 = 18$ 17
$15 + 4 = 19$ ✓

11

Zahlenzauber 2 – Lösungsheft © 2016 Cornelsen Schulverlage GmbH, Berlin. Alle Rechte vorbehalten.

Im Klassenzimmer

Unsere Klasse 2a

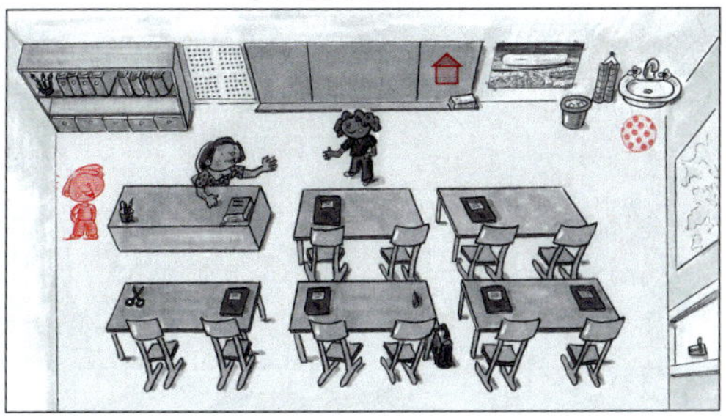

① Was stimmt? Streiche das falsche Wort durch.

Das Buch liegt __auf__ / ~~unter~~ dem Pult.

Das Hunderterfeld hängt __über__ / ~~neben~~ dem Regal.

Der Papierkorb steht __rechts von__ / ~~links von~~ der Tafel.

Die Bücher stehen __oben__ / ~~unten~~ im Schrank.

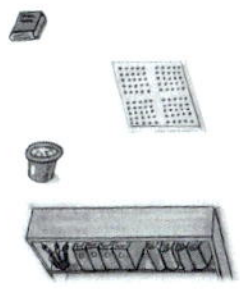

② Was passt? Setze das richtige Wort ein:
vor | hinter | rechts von | links von | über | unter | auf

Die Hefte liegen _____auf_____ den Tischen.

z.B. Der Ranzen steht _____neben_____ dem Tisch.

Das Hunderterfeld hängt _____hinter_____ der Lehrerin.

z.B. Die Tafel hängt _____rechts von_____ dem Hunderterfeld.

Ein Kind steht _____vor_____ der Tafel.

③ Male in das Bild …

… ein Haus auf die rechte Tafelseite.

… einen roten Ball unter das Waschbecken.

… ein Kind links neben das Pult.

12

Auf dem Schulhof

Kann ich auch von oben und von unten ein Foto machen?

① Welche Kamera hat welche Fotos gemacht?
Trage die Buchstaben richtig ein.

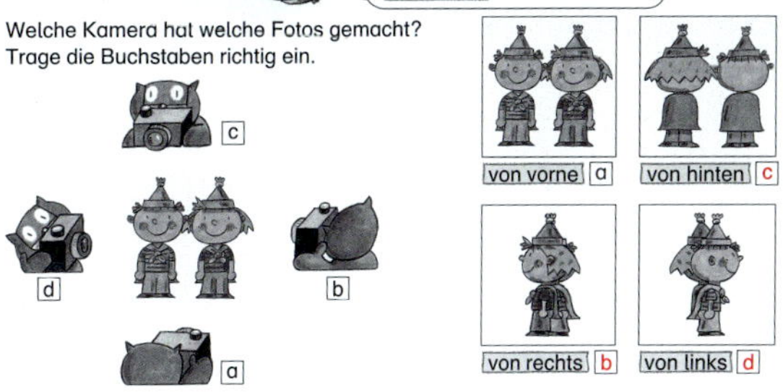

c
d
b
a

von vorne a | von hinten c
von rechts b | von links d

② Lisa springt auf dem Neunerfeld. Zeichne den Weg ein. Wo landet sie?

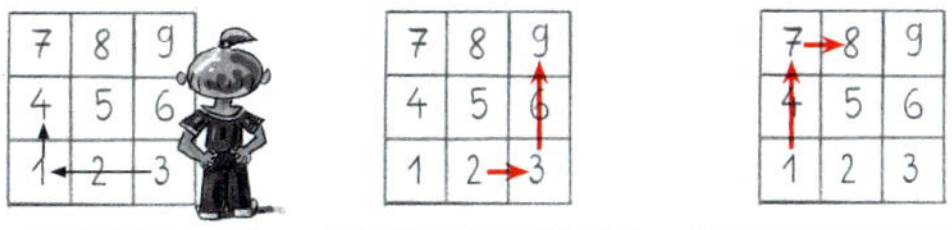

Lisa startet bei 3:

Sie springt zwei nach links und eins nach vorne.

Sie landet auf __4__ .

Lisa startet bei 2:

Sie springt eins nach rechts und zwei nach vorne.

Sie landet auf __9__ .

Lisa startet bei 1:

Sie springt zwei nach vorne und eins nach rechts.

Sie landet auf __8__ .

③ Zeichne den Weg ein. Wo landet Mark?

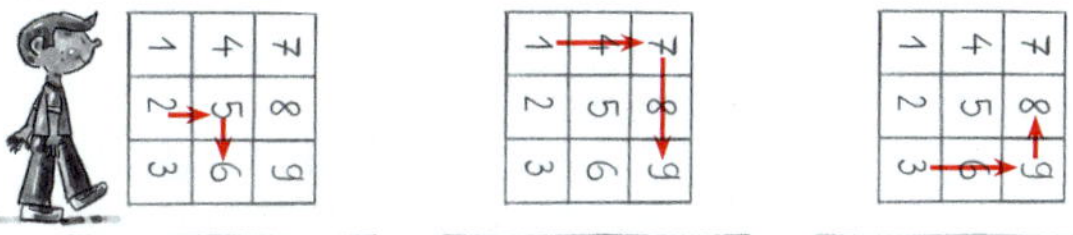

Mark startet bei 2:

Er springt eins nach vorne und eins nach rechts.

Er landet auf __6__ .

Mark startet bei 1:

Er springt zwei nach vorne und zwei nach rechts.

Er landet auf __9__ .

Mark startet bei 3:

Er springt zwei nach vorne und eins nach links.

Er landet auf __8__ .

13

Im Hallenbad

Öffnungszeiten

Mo   12 – 19 Uhr
Di – So   10 – 20 Uhr

Eintrittspreise
Tageskarte
Kind   2 €
Erwachsener   4 €

10er-Karte
Kind   10 €
Erwachsener   20 €

① Kreuze richtige Aussagen an.

[X] Am Mittwoch hat das Bad länger geöffnet als am Montag.

[ ] Am Montag hat das Schwimmbad 8 Stunden geöffnet.

[ ] Am Montag kann Andi ab 11 Uhr schwimmen.

[X] Eine Karte für Erwachsene ist doppelt so teuer wie eine Karte für Kinder.

[X] Eine Zehnerkarte für Kinder ist genauso teuer wie 5 Tageskarten für Kinder.

[X] Eine Zehnerkarte für Erwachsene ist teurer als eine Zehnerkarte für Kinder.

②

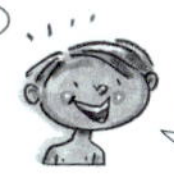

3 Obstsalate und 1 Eis, bitte.

KIOSK

Obstsalat 3€
Pommes 2€
Eis 1€
Brezel 50ct
Gummischlange 10ct

R: __3€ + 3€ + 3€ + 1€ = 10€__

A: __Das kostet 10 €__ .

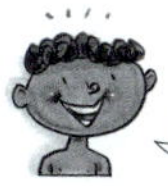

Einmal Pommes und 2 Brezeln, bitte.

R: __2€ + 0,50€ + 0,50€ = 3€__

A: __Das kostet 3 €__ .

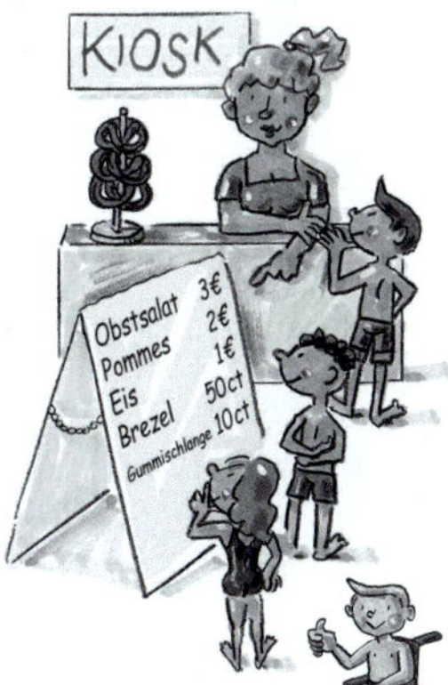

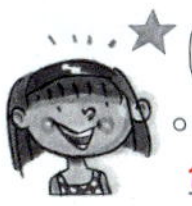

Was kann ich mir für 4 € kaufen?

Finde mindestens 2 Lösungen.

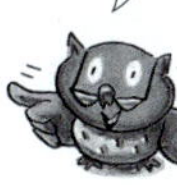

z.B. __1 Obstsalat und ein Eis__

__oder zweimal Pommes oder__

__10 Gummischlangen, Obstsalat__

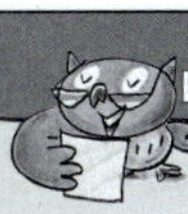

14

Grundwissen ①

❶ Lege im Kopf und rechne.

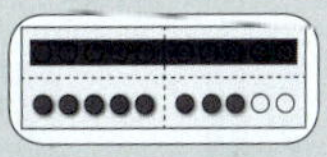

$10 + 8 = $ __18__ $10 + 3 = $ __13__ $10 + 9 = $ __19__

                  $10 + 7 = $ __17__ $10 + 4 = $ __14__

❷ Immer 10: Ergänze die Rechnungen mit der richtigen Zahl.

$4 + $ __6__ $ = 10$ $2 + $ __8__ $ = 10$ $3 + $ __7__ $ = 10$ $8 + $ __2__ $ = 10$

$7 + $ __3__ $ = 10$ $6 + $ __4__ $ = 10$ $5 + $ __5__ $ = 10$ $9 + $ __1__ $ = 10$

❸ Verdopple und halbiere.

$7 + 7 = $ __14__ $4 + 4 = $ __8__ $20 = $ __10__ $ + $ __10__ $6 = $ __3__ $ + $ __3__

$9 + 9 = $ __18__ $6 + 6 = $ __12__ $16 = $ __8__ $ + $ __8__ $10 = $ __5__ $ + $ __5__

❹ Denke an die verwandte Aufgabe. Rechne.

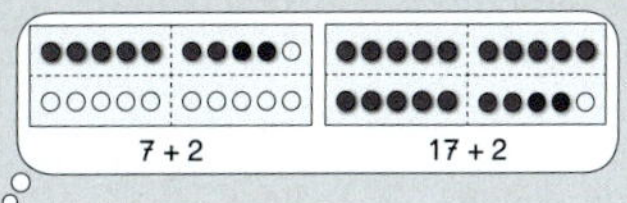

$7 + 2$ $17 + 2$

$17 + 2 = $ __19__ $12 + 5 = $ __17__

$14 + 3 = $ __17__ $13 + 6 = $ __19__

$16 + 3 = $ __19__ $13 + 4 = $ __17__

❺ Denke an die Verdopplungsaufgabe. Rechne.

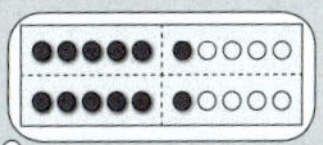

$6 + 7 = $ __13__ $7 + 8 = $ __15__ $9 + 8 = $ __17__

$8 + 9 = $ __17__ $6 + 5 = $ __11__ $5 + 6 = $ __11__

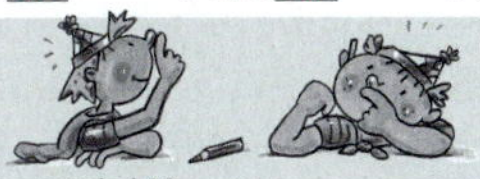

$6 + 7$
$6 + 6$

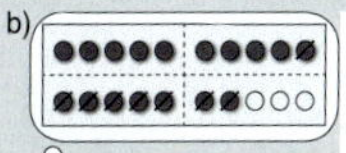

❻ Rechne und mache einen Zwischenstopp bei 10.

a)

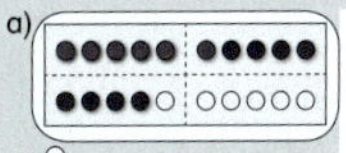

$4 + 7 = $ __11__
      __6__ __1__

b)

$11 - 6 = $ __5__
      __1__ __5__

$6 + 8 = $ __14__
   __4__ __4__

$9 + 4 = $ __13__
   __1__ __3__

$17 - 8 = $ __9__
   __7__ __1__

$14 - 8 = $ __6__
   __4__ __4__

15

Zahlenzauber 2 – Lösungsheft © 2016 Cornelsen Schulverlage GmbH, Berlin. Alle Rechte vorbehalten.

❶ Schreibe Aufgabe und Umkehraufgabe.

a)
14 + 3 = 17	11 + 5 = _16_	13 + 6 = _19_	16 + 4 = _20_
17 − 3 = _14_	_16_ − 5 = _11_	_19_ − 6 = 13	_20_ − 4 = _16_

b)
18 − 4 = _14_	19 − 2 = _17_	20 − 7 = _13_	14 − 3 = _11_
14 + 4 = _18_	_17_ + 2 = _19_	_13_ + 7 = _20_	_11_ + 3 = _14_

❷ Zwischenstopp bei 10

a)
6 + 9 = _15_	9 + 4 = _13_	7 + 5 = _12_	8 + 6 = _14_
4 5	_1_ _3_	_3_ _2_	_2_ _4_

b)
12 − 9 = _3_	15 − 8 = _7_	14 − 6 = _8_	17 − 8 = _9_
2 _7_	_5_ _3_	_4_ _2_	_7_ _1_

❸ Das essen die Kinder der Klasse 2b am liebsten. Zeichne das Schaubild.

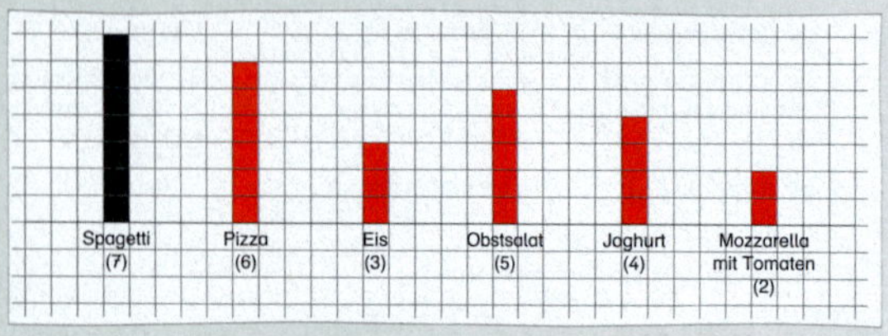

| Spagetti (7) | Pizza (6) | Eis (3) | Obstsalat (5) | Joghurt (4) | Mozzarella mit Tomaten (2) |

❹ Welche Kamera hat welche Fotos gemacht?

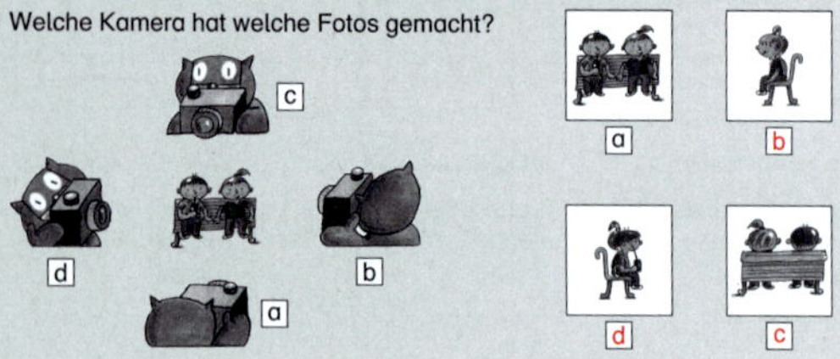

c   d   b   a

a   b   d   c

16

---

① Wie viele Zehner und Einer sind es? Kreise immer 10 Dinge ein und schreibe auf.

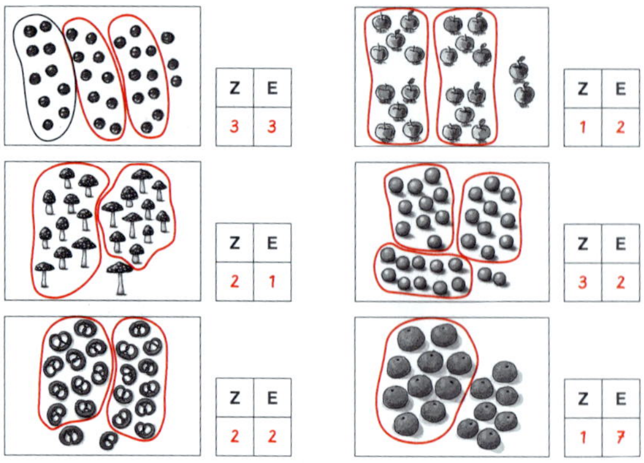

Z	E
3	3

Z	E
1	2

Z	E
2	1

Z	E
3	2

Z	E
2	2

Z	E
1	7

② Wie viele Zehner und Einer sind es? Trage ein.

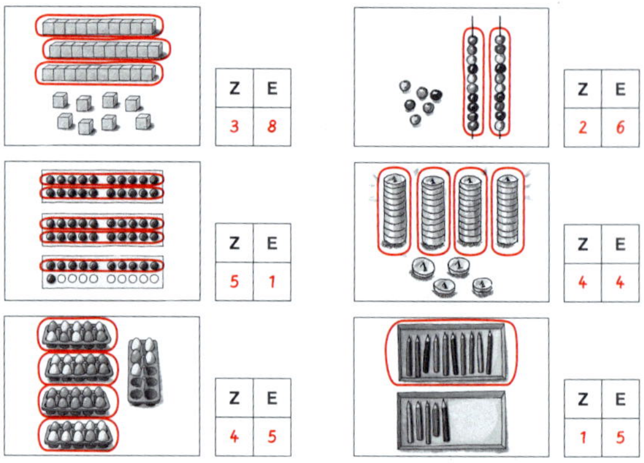

Z	E
3	8

Z	E
2	6

Z	E
5	1

Z	E
4	4

Z	E
4	5

Z	E
1	5

17

---

① Trage ein.

Ich zeichne und schreibe so: 5 Zehner, 2 Einer.

Z	E
5	2

Z	E
0	4

Z	E
7	8

Z	E
4	0

Z	E
2	7

② a) Trage ein. Lies die Zahlen.

Z	E
6	7

Z	E
2	1

Z	E
5	3

Z	E
0	8

Z	E
8	4

b) Lies die Zahlen. Zeichne.

Z	E
3	6

Z	E
4	1

Z	E
5	5

Z	E
6	3

Z	E
1	9

c) Wie heißen diese Zahlen? Zeichne sie und trage sie in die Stellentafel ein.

| 3 | 4 | | 7 | 5 | | 1 | 7 | | 4 | 9 | | 2 | 0 |

Z	E
3	4

Z	E
7	5

Z	E
1	7

Z	E
4	9

Z	E
2	0

18

① Schreibe diese Zahlen auf.

Für jeden Zehner lege ich ein Plättchen in die Zehnerspalte, für jeden Einer lege ich ein Plättchen …

_24_   _51_   _60_   _45_   _32_   _15_

② Zeichne in den Stellenwerttafeln jeweils 1 Plättchen dazu. Welche Zahlen entstehen? Schreibe sie auf.

a)
1 Plättchen dazu

_52_ → _53_   oder   _62_

b)
1 Plättchen dazu

_46_ → _47_   oder   _56_

c)
1 Plättchen dazu

_30_ → _31_   oder   _40_

Findest du alle Möglichkeiten?

⭐③ Du hast 5 Plättchen. Zeichne sie in die Stellenwerttafeln. Welche Zahlen entstehen? Schreibe auf.

_50_   _5_   _41_   _32_   _23_   _14_

19

Zahlenzauber 2 – Arbeitsheft © 2016 Cornelsen Schulverlage GmbH, Berlin. Alle Rechte vorbehalten.

① Wie heißen diese Zahlen?

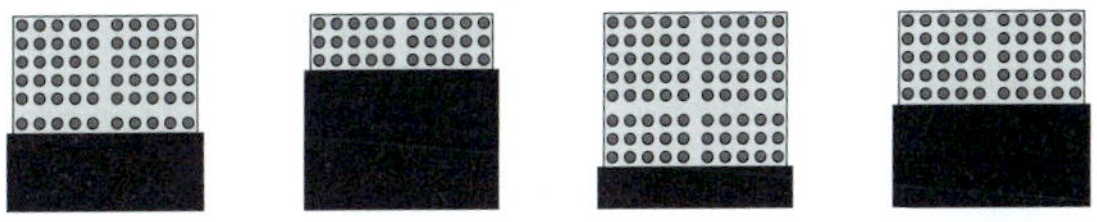

_60_   _30_   _80_   _50_

② Rechne und finde die letzte Aufgabe.

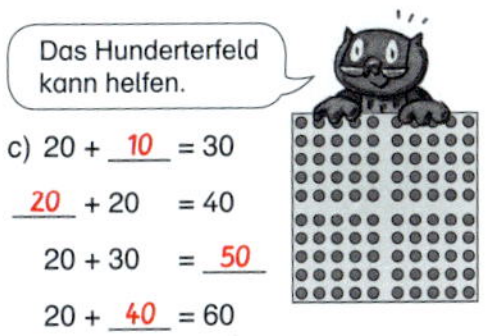

Das Hunderterfeld kann helfen.

a) 10 + 20 = _30_   b) 10 + 90 = _100_   c) 20 + _10_ = 30
20 + 20 = _40_   20 + 80 = _100_   _20_ + 20 = 40
30 + 20 = _50_   30 + 70 = _100_   20 + 30 = _50_
40 + 20 = _60_   40 + 60 = _100_   20 + _40_ = 60
_50_ + _20_ = _70_   _50_ + _50_ = _100_   _20_ + _50_ = _70_

d) 50 – 10 = _40_   e) 90 – 50 = _40_   f) 90 – _60_ = 30
50 – 20 = _30_   80 – 40 = _40_   80 – 50 = _30_
50 – 30 = _20_   70 – 30 = _40_   _70_ – 40 = 30
50 – 40 = _10_   60 – 20 = _40_   60 – 30 = _30_
_50_ – _50_ = _0_   _50_ – _10_ = _40_   _50_ – _20_ = _30_

③ Immer zwei Zahlen ergeben zusammen 100. Färbe sie gleich ein.

0	10	20	30	40	50	60	70	80	90	100

④ Zerlege.

a) 100
10 + 90
50 + _50_
_80_ + 20
_100_ + 0
70 + _30_

b) 100
40 + _60_
_70_ + 30
90 + _10_
80 + _20_
_0_ + 100

c) 80
20 + _60_
_40_ + 40
70 + _10_
_30_ + 50
_80_ + 0

d) 90
40 + _50_
10 + _80_
_20_ + 70
_60_ + 30
0 + _90_

20

① Wie heißen diese Zahlen? Schreibe die Rechnung.

a) 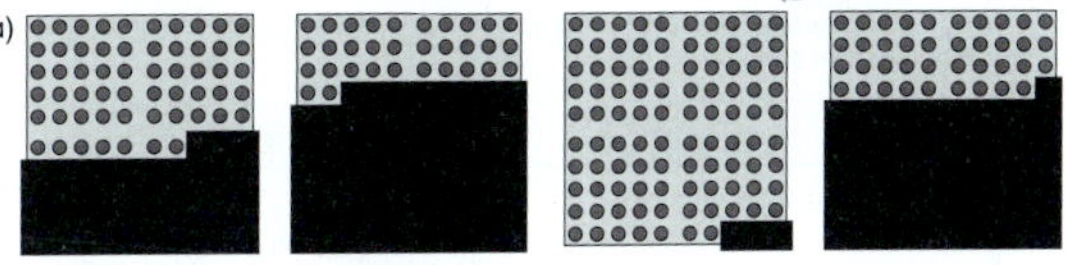
_57 = 50 + 7_   _32 = 30 + 2_   _97 = 90 + 7_   _39 = 30 + 9_

b) 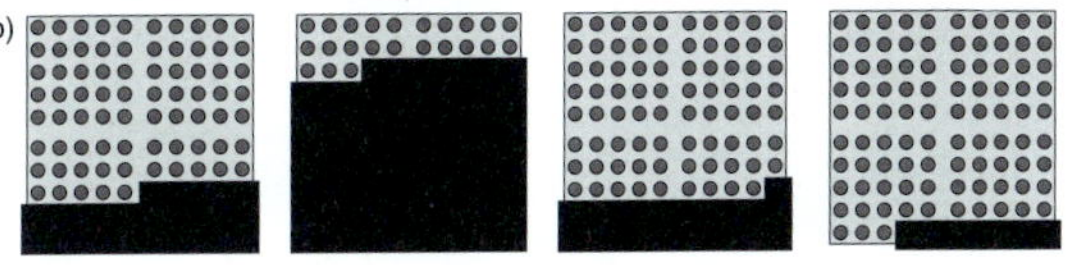
_75 = 70 + 5_   _23 = 20 + 3_   _79 = 70 + 9_   _93 = 90 + 3_

② Markiere im Hunderterfeld.

a) 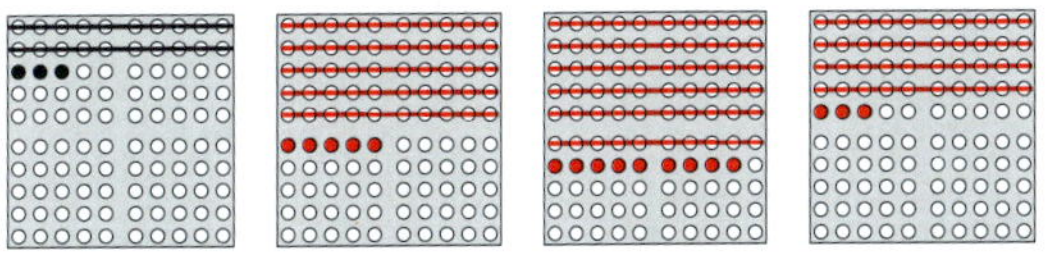
23   55   69   43

b) 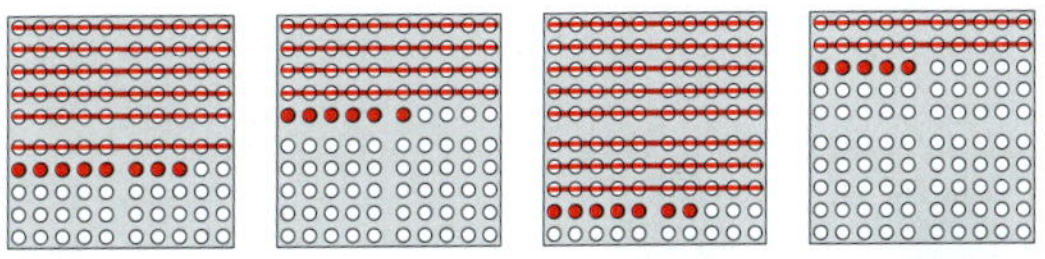
68   46   87   25

★ ③ Wie viele Punkte sind bei ① jeweils verdeckt? Schreibe auf.

a) 43, _68_ , _3_ , _61_ .   b) _25_ , _77_ , _21_ , _7_ .

④ Wie viele Punkte hast du bei ② weiß gelassen? Schreibe auf.

a) 77, _45_ , _31_ , _57_ .   b) _32_ , _54_ , _13_ , _75_ .

Kontrolliere an deiner Hundertertafel.

21

① a) Ergänze die fehlenden Zahlen.

b) ◯ Kreise alle Zahlen mit 0 Einern blau ein.

c) ⬚ Färbe alle ungeraden Zahlen orange.

d) ☐ Färbe alle Zahlen mit 2 Zehnern gelb.

e) Färbe alle Zahlen mit 5 Zehnern grün.

f) ⬚ Kreise alle Zahlen mit zwei gleichen Ziffern lila ein.

1	2	3	4	5	6	7	8	9	10
11	12	13	14	15	16	17	18	19	20
21	22	23	24	25	26	27	28	29	30
31	32	33	34	35	36	37	38	39	40
41	42	43	44	45	46	47	48	49	50
51	52	53	54	55	56	57	58	59	60
61	62	63	64	65	66	67	68	69	70
71	72	73	74	75	76	77	78	79	80
81	82	83	84	85	86	87	88	89	90
91	92	93	94	95	96	97	98	99	100

② Ausschnitte aus der Hundertertafel: Trage die fehlenden Zahlen ein.

34 35 _36_
_36_ 37 38
_13_
_23_ / _47_
_33_ / _57_
_43_ _44_ 45 / _67_

61
_72_ _74_ / 65
_83_

_46_
_12_ 13 / _56_
23 / _66_
_32_ / _76_
58 _59_ 60 / _42_ 43
68
78 79 80
_88_
_98_ _99_ 100

_79_
88 _89_ 90
_99_

🕊 Zeichne weitere Ausschnitte in dein 📖.

22

① Trage über dem Zahlenstrahl ein:
a) alle Zehnerzahlen bis 100, 🟥
b) alle Zahlen mit 5 Einern: 5, 15, 25, 35, … 🟥
c) Wie heißen die Zahlen, auf die die Pfeile zeigen? Trage sie ein.

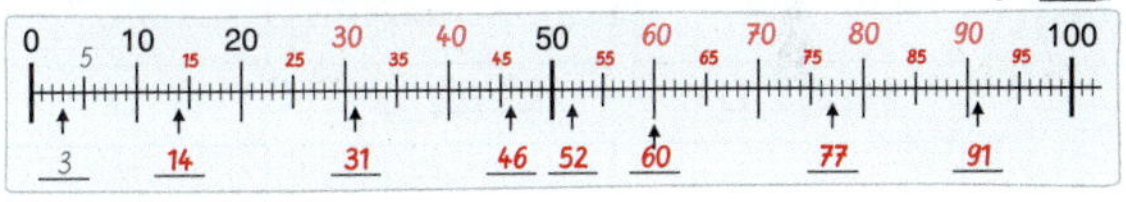

0 _5_ 10 20 _30_ _35_ 40 _45_ 50 _55_ _60_ _65_ 70 _75_ 80 _85_ 90 _95_ 100

_3_   _14_   _31_   _46_ _52_ _60_   _77_   _91_

② a) Markiere diese Zahlen auf dem Zahlenstrahl und schreibe sie darunter:
74, 81, 43, 58, 24, 96, 13, 58, 33.
b) Ordne die Zahlen von a) der Größe nach. Beginne mit der kleinsten Zahl.
_13_, _24_, _33_, _43_, _58_, _69_, _74_, _81_, _96_

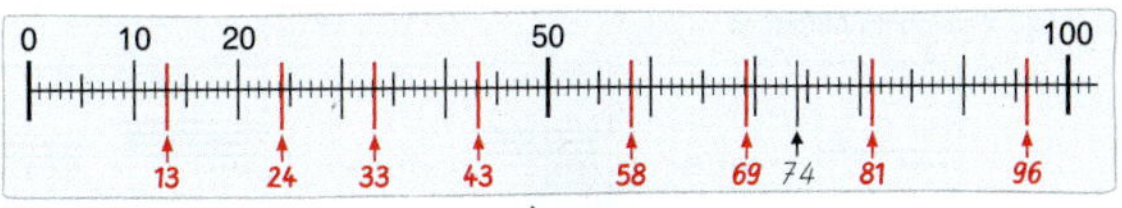

0 10 20 50 100

13 24 33 43 58 69 74 81 96

Der Zahlenstrahl hilft dir!

③ Setze die Zahlenfolgen fort.

a) 20, 21, 22, _23_ , _24_ , _25_ , 26   b) 27, 37, 47, _57_ , _67_ , _77_ , 87
c) 100, 99, 98, _97_ , _96_ , _95_ , 94   d) 93, 92, 91, _90_ , _89_ , _88_ , 87
e) 5, 10, 15, _20_ , _25_ , _30_ , 35   f) 40, 45, 50, _55_ , _60_ , _65_ , 70
g) 42, 44, 46, _48_ , _50_ , _52_ , 54   h) 76, 73, 70, _67_ , _64_ , _61_ , 58
i) 79, 77, 75, _73_ , _71_ , _69_ , 67   j) 44, 48, 52, _56_ , _60_ , _64_ , 68

④ Vorgänger und Nachfolger

a) 27 28 29   b) _30_ 31 _32_   c) 58 59 60   d) _39_ 40 _41_
_28_ 29 _30_   _60_ 61 _62_   _26_ 27 _28_   _19_ 20 _21_
_29_ 30 _31_   _80_ 81 _82_   _78_ 79 _80_   _89_ 90 _91_

⑤ <, > oder =?

a) 89 > 68   b) 72 > 27   c) 70 > 69   d) 23 < 62
23 < 32   73 = 73   75 > 57   36 < 63
46 < 98   89 > 86   43 > 34   43 < 54

23

Zahlenzauber 2 – Lösungsheft © 2016 Cornelsen Schulverlage GmbH, Berlin. Alle Rechte vorbehalten.

Verbinde die Zahlen der Reihe nach mit den verschiedenen Farben.

Wenn du bei einer roten Zahl angekommen bist, musst du absetzen und zur nächsten Zahl springen.

grün	braun	blau	grau	orange
1 – 29	30 – 34 75 – 82 83 – 90	35 – 47	48 – 55	56 – 59 60 – 64 65 – 69 70 – 74

Du kannst das Bild schön bunt anmalen.

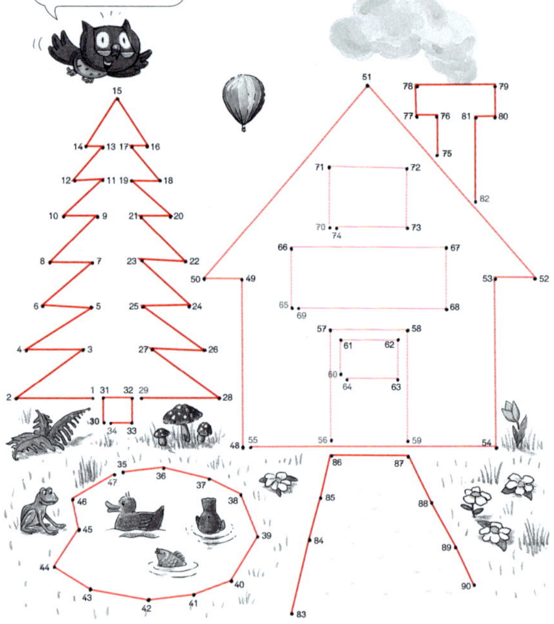

24

① Rechne.

a)
$6 + 3 = 9$
$16 + 3 = 19$
$26 + 3 = 29$

b)
$8 - 2 = 6$
$18 - 2 = 16$
$28 - 2 = 26$

c)
$9 + 6 = 15$
$19 + 6 = 25$
$29 + 6 = 35$

d)
$12 - 4 = 8$
$22 - 4 = 18$
$32 - 4 = 28$

② Rechne die kleine und die große Aufgabe.

a) $7 + 5 = 12$
$37 + 5 = 42$

b) $8 + 7 = 15$
$48 + 7 = 55$

c) $13 - 7 = 6$
$53 - 7 = 46$

d) $11 - 6 = 5$
$31 - 6 = 25$

③ Rechne. Setze die Reihe fort.

Da fallen mir noch mehr Aufgaben ein.

a)
$6 + 3 = 9$
$16 + 3 = 19$
$26 + 3 = 29$
$36 + 3 = 39$
$46 + 3 = 49$
$56 + 3 = 59$
$66 + 3 = 69$
$76 + 3 = 79$

b)
$9 - 8 = 1$
$19 - 8 = 11$
$29 - 8 = 21$
$39 - 8 = 31$
$49 - 8 = 41$
$59 - 8 = 51$
$69 - 8 = 61$
$79 - 8 = 71$

c)
$8 + 6 = 14$
$18 + 6 = 24$
$28 + 6 = 34$
$38 + 6 = 44$
$48 + 6 = 54$
$58 + 6 = 64$
$68 + 6 = 74$
$78 + 6 = 84$

d)
$11 - 6 = 5$
$21 - 6 = 15$
$31 - 6 = 25$
$41 - 6 = 35$
$51 - 6 = 45$
$61 - 6 = 55$
$71 - 6 = 65$
$81 - 6 = 75$

④ Rechne. Setze die Reihen fort.

a)
$14 + 30 = 44$
$14 + 40 = 54$
$14 + 50 = 64$
$14 + 60 = 74$
$14 + 70 = 84$

b)
$88 - 20 = 68$
$88 - 30 = 58$
$88 - 40 = 48$
$88 - 50 = 38$
$88 - 60 = 28$

c)
$3 + 50 = 53$
$3 + 60 = 63$
$3 + 70 = 73$
$3 + 80 = 83$
$3 + 90 = 93$

d)
$79 - 30 = 49$
$79 - 40 = 39$
$79 - 50 = 29$
$79 - 60 = 19$
$79 - 70 = 9$

26

Zahlenzauber 2 – Arbeitsheft © 2016 Cornelsen Schulverlage GmbH, Berlin. Alle Rechte vorbehalten.

zeichne ich als ▬.
▪ zeichne ich als •.

① Zeichne und rechne.

a) 
$47 + 23 = 70$
$14 + 54 = 68$
$21 + 48 = 69$

b) 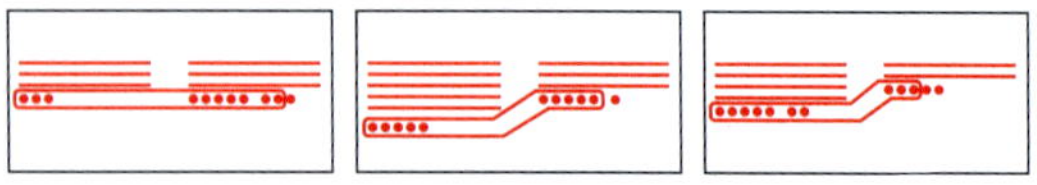
$33 + 38 = 71$
$55 + 36 = 91$
$47 + 25 = 72$

② Verwandte Aufgaben

a) 
$14 + 8 = 22$
$34 + 8 = 42$
$44 + 28 = 72$

b) 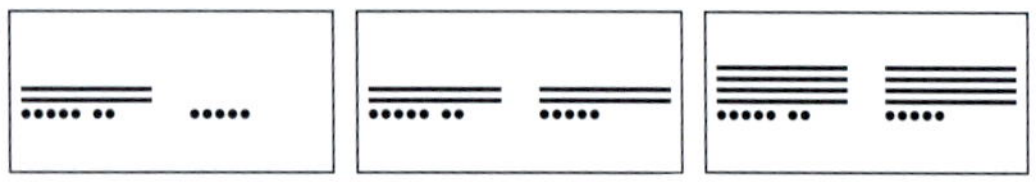
$27 + 5 = 32$
$27 + 25 = 52$
$47 + 45 = 92$

c) 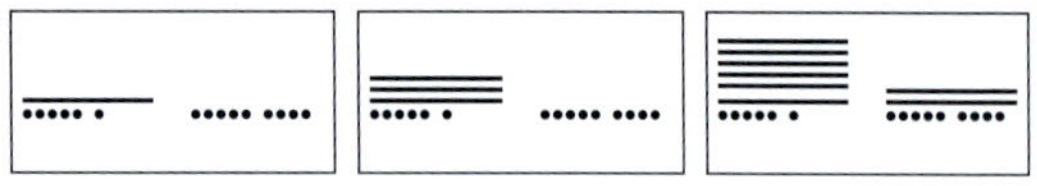
$16 + 9 = 25$
$36 + 9 = 45$
$66 + 29 = 95$

③ Rechne erst die Zehner, dann die Einer dazu.

a)
$35 + 28 = 63$
$35 + 20 + 8 = 63$
$65 + 27 = 92$
$65 + 20 + 7 = 92$

b)
$46 + 35 = 81$
$46 + 30 + 5 = 81$
$18 + 63 = 81$
$18 + 60 + 3 = 81$

c)
$27 + 65 = 92$
$27 + 60 + 5 = 92$
$58 + 17 = 75$
$58 + 10 + 7 = 75$

27

Zahlenzauber 2 – Arbeitsheft © 2016 Cornelsen Schulverlage GmbH, Berlin. Alle Rechte vorbehalten.

① So?
$48 + 37 = 85$
$40 + 30 = 70$
$8 + 7 = 15$

Oder so?
$48 + 37 = 85$
$48 + 30 = 78$
$78 + 7 = 85$

Oder so?
$48 + 37 = 85$
$78, 85$

Oder?

Rechne auf deinem Weg.

$56 + 35 = 91$
$27 + 47 = 74$
$35 + 58 = 93$

$34 + 57 = 91$
$68 + 23 = 91$
$45 + 46 = 91$

$74 + 18 = 92$
$36 + 38 = 74$
$38 + 55 = 93$

⭐ ② Rechne mit der Ergebniszahl weiter.

Bist du auf dem richtigen Weg?

a)
$7 + 8 = 15$
$59 + 19 = 78$
$15 + 16 = 31$
$31 + 28 = 59$
$78 + 22 = 100$
Ziel: 100

b)
$6 + 7 = 13$
$31 + 16 = 47$
$96 + 3 = 99$
$47 + 49 = 96$
$13 + 18 = 31$
Ziel: 99

c)
$9 + 8 = 17$
$17 + 18 = 35$
$62 + 19 = 81$
$81 + 19 = 100$
$35 + 27 = 62$
Ziel: 100

28

Zahlenzauber 2 – Lösungsheft © 2016 Cornelsen Schulverlage GmbH, Berlin. Alle Rechte vorbehalten.

Plusaufgaben bis 100 üben ② (+) (+) S|B S. 38/39

① Welche Stelle ändert sich jeweils?
Überlege vorher und überprüfe dann mit dem Ergebnis.

a) 36 + 3 = _39_   23 + 5 = _28_   15 + 4 = _19_   12 + 7 = _19_
   36 + 30 = _66_   23 + 50 = _73_   15 + 40 = _55_   12 + 70 = _82_
   36 + 33 = _69_   23 + 55 = _78_   15 + 44 = _59_   12 + 77 = _89_

b) 16 + 2 = _18_   33 + 6 = _39_   45 + 3 = _48_   32 + 5 = _37_
   16 + 20 = _36_   33 + 60 = _93_   45 + 30 = _75_   32 + 50 = _82_
   16 + 22 = _38_   33 + 66 = _99_   45 + 33 = _78_   32 + 55 = _87_

② Nahe beim vollen Zehner

27 + 19 = _46_
27 + 20 − 1 = _46_

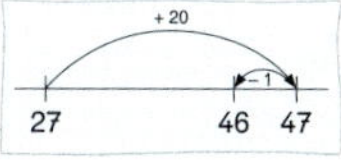

a) 45 + 29 = _74_   b) 57 + 39 = _96_   c) 24 + 59 = _83_
   45   74 75   57   96 97   24   83 84

d) 26 + 49 = _75_   e) 63 + 19 = _82_   f) 17 + 69 = _86_
   26   75 76   63   82 83   17   86 87

g) 48 + 39 = _87_   h) 54 + 29 = _83_   i) 66 + 39 = _105_
   48   87 88   54   83 84   66   105 106

29

Plusaufgaben bis 100 üben ③ S|B S. 38/39

① Beginne in jedem Päckchen mit der Aufgabe, die für dich am leichtesten ist.
Kreuze sie an.

Aufgaben mit Zehnerzahlen sind einfach.

a) ☒ 56 + 30 = _86_   b) ☐ 19 + 39 = _58_   c) ☐ 47 + 18 = _65_
   ☐ 56 + 29 = _85_   ☒ 19 + 40 = _59_   ☐ 47 + 19 = _66_
   ☐ 56 + 28 = _84_   ☐ 19 + 38 = _57_   ☒ 47 + 20 = _67_

d) ☐ 69 + 24 = _93_   e) ☒ 40 + 48 = _88_   f) ☐ 78 + 17 = _95_
   ☒ 70 + 24 = _94_   ☐ 38 + 48 = _86_   ☒ 80 + 17 = _97_
   ☐ 68 + 24 = _92_   ☐ 39 + 48 = _87_   ☐ 79 + 17 = _96_

② Rechne auf deinem Weg.

45 + 27 = _72_   63 + 18 = _81_   56 + 34 = _90_

32 + 44 = _76_   57 + 16 = _73_   28 + 61 = _89_

69 + 23 = _92_   43 + 28 = _71_   46 + 39 = _85_

58 + 35 = _93_   62 + 38 = _100_   26 + 73 = _99_

37 + 26 = _63_   68 + 25 = _93_   52 + 48 = _100_

30

Minusaufgaben bis 100 – Rechenwege (−) (−) S|B S. 40/41

① Verwandte Aufgaben

a)
17 − 9 = _8_   27 − 9 = _18_   47 − 9 = _38_

b)
16 − 8 = _8_   36 − 8 = _28_   56 − 8 = _48_

c)
13 − 7 = _6_   63 − 7 = _56_   53 − 7 = _46_

d)
16 − 9 = _7_   36 − 9 = _27_   56 − 9 = _47_

② Achte jetzt besonders auf die Zehner. Rechne.

a) 62 − 5 = _57_   b) 86 − 7 = _79_   c) 91 − 3 = _88_
   62 − 25 = _37_   86 − 57 = _29_   91 − 33 = _58_
   62 − 45 = _17_   86 − 27 = _59_   91 − 13 = _78_
   62 − 15 = _47_   86 − 17 = _69_   91 − 43 = _48_
   62 − 35 = _27_   86 − 47 = _39_   91 − 23 = _68_

31

Minusaufgaben bis 100 üben ① S|B S. 42/43

① Verbinde Bild und Aufgabe. Welche Aufgaben sind für dich leicht? Male an.

26 − 3 = _23_
54 − 32 = _22_
32 − 16 = _16_
45 − 28 = _17_
63 − 36 = _27_
76 − 40 = _36_

② Zeichne und rechne.

a)
56 − 3 = _53_   56 − 30 = _26_   56 − 33 = _23_

b)
33 − 20 = _13_   33 − 5 = _28_   33 − 25 = _8_

c)
65 − 8 = _57_   65 − 40 = _25_   65 − 48 = _17_

③ Welche Stelle ändert sich jeweils? Überlege vorher und rechne dann.

a) 64 − 2 = _62_   86 − 4 = _82_   b) 79 − 6 = _73_   56 − 5 = _51_
   64 − 30 = _34_   86 − 30 = _56_   79 − 50 = _29_   56 − 50 = _6_
   64 − 32 = _32_   86 − 34 = _52_   79 − 56 = _23_   56 − 55 = _1_

32

Zahlenzauber 2 – Lösungsheft © 2016 Cornelsen Schulverlage GmbH, Berlin. Alle Rechte vorbehalten.

① Rechne auf deinem Weg.

$72 - 38 = 34$ $65 - 47 = 18$ $84 - 56 = 28$

$52 - 19 = 33$ $71 - 55 = 16$ $64 - 28 = 36$

$43 - 15 = 28$ $91 - 66 = 25$ $82 - 51 = 31$

$48 - 23 = 25$ $64 - 29 = 35$ $53 - 27 = 26$

② Nahe beim vollen Zehner

$77 - 19 = 58$
$77 - 20 + 1 = 58$

a) $83 - 39 = 44$ $56 - 29 = 27$ $73 - 59 = 14$

b) $72 - 49 = 23$ $64 - 19 = 45$ $81 - 69 = 12$

33

① Beginne in jedem Päckchen mit der Aufgabe, die für dich am leichtesten ist. Kreuze sie an.

a)
[X] $68 - 30 = 38$
[ ] $68 - 29 = 39$
[ ] $68 - 28 = 40$

b)
[ ] $74 - 39 = 35$
[X] $74 - 40 = 34$
[ ] $74 - 38 = 36$

c)
[ ] $46 - 18 = 28$
[ ] $46 - 19 = 27$
[X] $46 - 20 = 26$

d)
[ ] $94 - 22 = 72$
[ ] $94 - 21 = 73$
[X] $94 - 20 = 74$

e)
[X] $85 - 50 = 35$
[ ] $85 - 49 = 36$
[ ] $85 - 48 = 37$

f)
[ ] $57 - 49 = 8$
[X] $57 - 50 = 7$
[ ] $57 - 48 = 9$

Das könnte ich ja noch ewig fortsetzen.

$98 - 49 = 49$
$97 - 48 = 49$
$96 - 47 = 49$

② Rechne und finde die nächste Aufgabe.

$75 - 6 = 69$	$33 - 15 = 18$	$72 - 39 = 33$	$98 - 49 = 49$
$74 - 7 = 67$	$44 - 16 = 28$	$62 - 39 = 23$	$97 - 48 = 49$
$73 - 8 = 65$	$55 - 17 = 38$	$52 - 39 = 13$	$96 - 47 = 49$
$72 - 9 = 63$	$66 - 18 = 48$	$42 - 39 = 3$	$95 - 46 = 49$

$93 - 14 = 79$	$72 - 19 = 53$	$24 - 16 = 8$	$51 - 15 = 36$
$94 - 15 = 79$	$73 - 18 = 55$	$35 - 17 = 18$	$62 - 26 = 36$
$95 - 16 = 79$	$74 - 17 = 57$	$46 - 18 = 28$	$73 - 37 = 36$
$96 - 17 = 79$	$75 - 16 = 59$	$57 - 19 = 38$	$84 - 48 = 36$

③ Rechne auf deinem Weg.

$45 - 25 = 20$ $63 - 15 = 48$ $56 - 38 = 18$

$32 - 24 = 8$ $57 - 28 = 29$ $88 - 69 = 19$

34

① Achtung Fehler! Verbessere die ganze Rechnung und verbinde mit einem passenden Rechentipp.

$57 + 24 = 63$ → 81
$57 + 20 = 59$ $57 + 20 = 77$
$59 + 4 = 63$ $77 + 4 = 81$

$56 + 19 = 77$ → 75
$56 + 20 = 76$ $56 + 20 = 76$
$76 - 1 = 77$ $76 - 1 = 75$

$48 + 37 = 84$ → 85
$40 + 30 = 70$ $40 + 30 = 70$
$8 + 7 = 14$ $8 + 7 = 15$

$38 + 23 = 88$ → 61
$38 + 20 = 58$ $38 + 20 = 58$
$58 + 3 = 88$ $58 + 3 = 61$

Plusaufgaben bis 20 üben

auf Zehner und Einer achten

⊕ und ⊖ nicht verwechseln

an den Rechenstrich denken

② Rechne zuerst die Aufgabe, die für dich am leichtesten ist.

a) $35 + 27 = 62$
$35 + 26 = 61$
$35 + 25 = 60$
$35 + 24 = 59$

b) $68 + 13 = 81$
$68 + 12 = 80$
$68 + 11 = 79$
$68 + 10 = 78$

c) $44 + 44 = 88$
$45 + 44 = 89$
$46 + 44 = 90$
$47 + 44 = 91$

d) $49 + 38 = 87$
$50 + 38 = 88$
$51 + 38 = 89$
$52 + 38 = 90$

③ Färbe vorher …
a) … Aufgaben mit einer Zehnerzahl als Ergebnis rot und rechne dann aus.
b) … Aufgaben mit einem Übergang blau und rechne dann aus.

$32 + 63 = 95$ $26 + 34 = 60$ $45 + 21 = 66$

$18 + 35 = 53$ $29 + 61 = 90$ $26 + 47 = 73$

35

① Achtung Fehler! Verbessere die ganze Rechnung und verbinde mit einem passenden Rechentipp.

$64 - 27 = 43$ → 37
$60 - 20 = 40$ $64 - 20 = 44$
$4 - 7 = 3$ $44 - 7 = 37$

$53 - 18 = 36$ → 35
$53 - 10 = 43$ $53 - 10 = 43$
$43 - 8 = 36$ $43 - 8 = 35$

$72 - 45 = 37$ → 27
$72 - 40 = 32$ $72 - 40 = 32$
$32 - 5 = 37$ $32 - 5 = 27$

Minusaufgaben bis 20 üben

bei ⊖ Zahlen nicht vertauschen

⊕ und ⊖ nicht verwechseln

② Rechne zuerst die Aufgabe, die für dich am leichtesten ist.

a) $56 - 18 = 38$
$56 - 19 = 37$
$56 - 20 = 36$
$56 - 21 = 35$

b) $45 - 14 = 31$
$45 - 15 = 30$
$45 - 16 = 29$
$45 - 17 = 28$

c) $57 - 16 = 41$
$57 - 17 = 40$
$57 - 18 = 39$
$57 - 19 = 38$

d) $63 - 13 = 50$
$62 - 13 = 49$
$61 - 13 = 48$
$60 - 13 = 47$

③ Färbe vorher …
a) … Aufgaben mit einer Zehnerzahl als Ergebnis rot und rechne dann aus.
b) … Aufgaben mit einem Übergang blau und rechne dann aus.

$57 - 27 = 30$ $78 - 58 = 20$ $69 - 48 = 21$

$72 - 38 = 34$ $67 - 54 = 13$ $94 - 25 = 69$

$45 - 31 = 14$ $86 - 76 = 10$ $76 - 59 = 17$

36

Zahlenzauber 2 – Lösungsheft © 2016 Cornelsen Schulverlage GmbH, Berlin. Alle Rechte vorbehalten.

Zahlen verzaubern + und −

S B S. 48/49

① Wie heißt die Zauberregel? Schreibe auf und finde weitere Zahlenpaare.

12	23	+11
44	55	
30	?	
?	?	

12	23
44	55
30	41

28	14	− 14
64	50	
90	?	
?	?	

28	14
64	50
90	76

36	27	− 9
81	72	
60	?	
?	?	

36	27
81	72
60	51

② Finde Paare zu diesen Zauberregeln.

+16
7	23

| −11 |

| +8 |

| −55 |

③ Ergänze die erste oder zweite Zahl.

+30	
40	70
12	42
0	30
36	66

+17	
30	47
33	50
6	23
34	51

−32	
64	32
96	64
52	20
41	9

−19	
25	6
59	40
81	62
100	81

④ Finde die Regel. Berichtige das falsche Kartenpaar und trage ein.

z. B. 84 30 100
14 94

+ 70	
30	100
0	70
28	98
14	84

0 70
28 98 z. B.

73 13
96 36
60 0
64

− 60	
73	13
60	0
96	36
64	4

54 4

37

Im Kalender ①

S B S. 50/51

① Schreibe alle Sonntage im Februar 2018 auf.

| 4.2. | 11.2. | 18.2. | 25.2. |

Februar

Mo	Di	Mi	Do	Fr	Sa	So
			1	2	3	4
5	6	7	8	9	10	11
12	13	14	15	16	17	18
19	20	21	22	23	24	25
26	27	28				

② Welcher Wochentag ist das?

3.2. _Samstag_   12.2. _Montag_

23.2. _Freitag_   28.2. _Mittwoch_

③ Jeden Mittwoch haben Simsala und Bim Zauberkurs.
Schreibe das jeweilige Datum zu den Tagen auf.

| 7.2. | 14.2. | 21.2. | 28.2. |

④ Angenommen, heute wäre Donnerstag, der 8. Februar: Ergänze die Liste.

vorgestern	_Dienstag, 6. Februar_
gestern	_Mittwoch, 7. Februar_
heute	Donnerstag, 8. Februar
morgen	_Freitag, 9. Februar_
übermorgen	_Samstag, 10. Februar_

Nicht vergessen:
25.2. Feier im Zauberwald
11.2. Eulalias Geburtstag
10.2. Skifahren
23.2. Zauberfest
7.2. Zauberkurs
14.2. Zauberkurs
21.2. Zauberkurs
28.2. Zauberkurs

⑤ Simsala hat für Bim Termine notiert.
Übertrage sie in Bims Terminkalender.

Februar 2018

1		15	
2		16	
3		17	
4		18	
5		19	
6		20	
7	_Zauberkurs_	21	_Zauberkurs_
8		22	
9		23	_Zauberfest_
10	Skifahren	24	
11	_Eulalias Geburtstag_	25	_Feier im Zauberwald_
12		26	
13		27	
14	_Zauberkurs_	28	_Zauberkurs_

38

Im Kalender ②

S B S. 50/51

① Verbinde.

10.04.18		10. Dezember 2018
10.05.18		10. April 2018
10.12.18		10. Mai 2018
10.02.18		10. Februar 2018

② Sind die Aussagen richtig oder falsch? Kreuze an Ⓧ.

	r	f
a) Der November hat mehr Tage als der Juni.	○	Ⓧ
b) Der März hat genauso viele Tage wie der Mai.	Ⓧ	○
c) Der September hat weniger Tage als der Januar.	Ⓧ	○
d) Der kürzeste Monat ist der Februar.	Ⓧ	○
e) Alle Monate, die mit M beginnen, haben 31 Tage.	Ⓧ	○

Du brauchst einen Kalender.

③ Ergänze die fehlenden Angaben.
Finde weitere „besondere" Tage in diesem Jahr.

Festtage/wichtige Ereignisse	Wochentag	Datum
Mein Geburtstag		
Beginn der Sommerferien		
Tag der deutschen Einheit		_3. Oktober_
1. Weihnachtstag		_25. Dezember_
Nikolaus		6. Dezember
Silvester		31. Dezember

39

Grundwissen ②

S B S. 52/53

❶ Zeichne und schreibe die Rechnung auf.

6	5		60 + 5 = _65_
2	6		_20_ + _6_ = _26_
4	1		_40_ + _1_ = _41_
5	3		_50_ + _3_ = _53_

❷ Wie heißen die Zahlen?

| Z | E |
3Z + 5E = _35_

| Z | E |
_6_ Z + _3_ E = _63_

| Z | E |
_4_ Z + _0_ E = _40_

| Z | E |
_8_ Z + _6_ E = _86_

❸ Zwischen welchen Zehnern liegen die Zahlen?

50	53	60
40	46	50
60	66	70
90	99	100

70	71	80
20	27	30
80	84	90
10	11	20

❹ Denke an die verwandte Aufgabe. Rechne.

| 6 + 2 |
| 36 + 2 |

36 + 2 = _38_   74 + 5 = _79_   23 + 5 = _28_

47 + 2 = _49_   61 + 6 = _67_   55 + 3 = _58_

❺ Rechne und mache einen Zwischenstopp beim vollen Zehner.

a)

26 − 9 = _17_
  6 3

76 − 8 = _68_
  6 2

24 − 7 = _17_
  4 3

32 − 5 = _27_
  2 3

b)

77 + 5 = _82_
  3 2

46 + 6 = _52_
  4 2

38 + 3 = _41_
  2 1

35 + 7 = _42_
  5 2

40

Zahlenzauber 2 – Lösungsheft © 2016 Cornelsen Schulverlage GmbH, Berlin. Alle Rechte vorbehalten.

❶ Setze die Zahlenfolgen fort.

a) 37, 40, _43_, _46_, _49_, _52_, _55_, 58

b) 81, 79, _77_, _75_, _73_, _71_, _69_, 67

c) 100, 95, _90_, _85_, _80_, _75_, _70_, 65

❷ Plusaufgaben bis 100

a) 34 + 43 = _77_   b) 38 + 27 = _65_   c) 49 + 27 = _76_

62 + 17 = _79_   43 + 19 = _62_   23 + 68 = _91_

23 + 57 = _80_   55 + 36 = _91_   37 + 53 = _90_

41 + 37 = _78_   28 + 65 = _93_   74 + 19 = _93_

59 + 21 = _80_   77 + 18 = _95_   86 + 14 = _100_

❸ Minusaufgaben bis 100

a) 78 – 23 = _55_   b) 63 – 38 = _25_   c) 98 – 29 = _69_

46 – 15 = _31_   74 – 16 = _58_   76 – 67 = _9_

88 – 54 = _34_   91 – 72 = _19_   45 – 16 = _29_

36 – 21 = _15_   35 – 18 = _17_   51 – 35 = _16_

69 – 12 = _57_   42 – 26 = _16_   37 – 22 = _15_

❹ Welche Termine hat Paula im Februar?

Geburtstag Papa:	Donnerstag, 4.2.
Schlitten fahren:	Sonntag, 14.2.
Besuch Felix:	Freitag, 19.2.
Theater:	Samstag, 27.2.
Flöte:	Montag, 8.2.
	Montag, 22.2.

41

---

① Kreise mit der entsprechenden Farbe ein.

Würfel ☐   Quader ☐   Kugel ◯

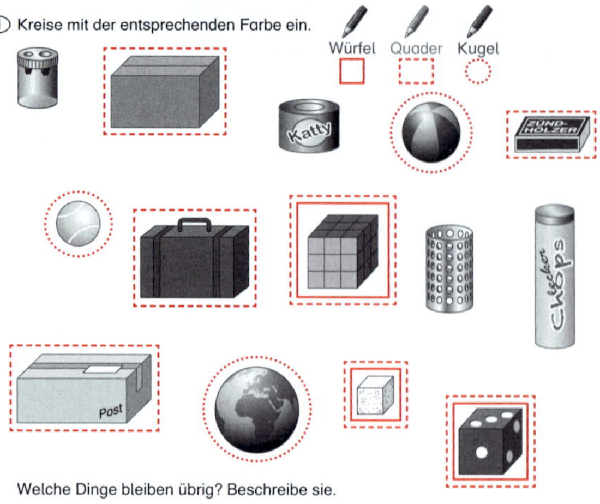

Welche Dinge bleiben übrig? Beschreibe sie.

② Färbe Würfel blau.

Färbe Quader grün.

Färbe Kugeln rot.

42

---

① Verbinde und rechne.

Zu einer Frage passen 2 Rechnungen.

Simsala und Bim backen Lebkuchen. Simsala formt 20 und Bim 16 Stück. Eulalia bringt noch 18 Lebkuchen mit.

Wie viele Lebkuchen backen Simsala und Bim zusammen?

Wie viele Lebkuchen bringt Eulalia mit?

Wie viele Lebkuchen haben Simsala, Bim und Eulalia insgesamt?

36 + 18 = _54_   20 + 16 = _36_   20 + 16 + 18 = _54_   18

② a) Streiche die Sätze und Wörter weg, die du zum Rechnen nicht brauchst.

b) Schreibe Fragen zum Text von a) auf.

~~Simsala sitzt am Fensterbrett.~~
Sie zaubert ~~aus ihrem Zauberhut~~ 100 Nüsse.
~~Danach ruht sie sich aus.~~
Dann schenkt sie Bim 25 Nüsse.
Eulalia gibt sie ~~ebenfalls~~ 25 Nüsse.
Nun isst Simsala noch 6 Nüsse auf.
~~Danach legt sie sich ins Bett.~~

_____
_____
_____
_____
_____

c) Bei welchen Fragen musst du rechnen? Färbe sie. Verbinde sie mit der passenden Rechnung.

Wie viele Nüsse schenkt Simsala Eulalia?

Wie viele Nüsse verschenkt Simsala insgesamt?

Wie viele Nüsse zaubert Simsala aus dem Hut?

Wie viele Nüsse nimmt Simsala insgesamt weg?

25 – 6 = ____   25 + 25 + 6 = _56_   25 + 25 = _50_   100 – 25 = ____

d) Wie viele Nüsse hat Simsala noch übrig? Rechne und antworte.

1 0 0 – 5 6 = 4 4

A: _Simsala hat noch 44 Nüsse übrig._

43

① Rechne.

a)

92		96		77		⭐ 104
35 57		40 56		52 25		66 38
12 23 34		26 14 42		45 7 18		41 25 13

b)

79		99		100		82
39 40		40 59		50 50		55 27
23 16 24		0 40 19		25 25 25		37 18 9

📖 Zeichne und rechne selbst Zahlenmauern in deinem 📓.

② Ergänze die fehlenden Zahlen.

78		63		82		99
64 14		21 42		52 30		71 28
52 12 2		13 8 34		40 12 18		51 20 8

87		54		100		93
46 41		26 28		52 48		28 65
5 41 0		23 3 25		24 28 20		11 17 48

96		73		99		100
35 61		29 44		36 63		25 75
15 20 41		17 12 32		4 32 31		23 2 73

⭐**③ Knobelmauern**

76		85		100		99
43 33		34 51		73 27		91 8
23 20 13		13 21 30		64 9 18		90 1 7

⭐**④ Für Profis!**

Löse erst die weißen Steine.

	103	
	48 55	
64		
30 34	23 25 30	
11 19 15	12 11 14 16	
2 9 10 5	4 8 3 11 5	

44

Links und rechts – immer gleich viel

① Verbinde die Rechnungen mit dem gleichen Ergebnis.

| 64 + 6 = 70 | 29 + 6 = 35 | 12 + 88 = 100 | 15 + 17 = 32 | 42 + 42 = 84 |

| 49 + 51 = 100 | 36 + 34 = 70 | 16 + 16 = 32 | 12 + 23 = 35 | 30 + 54 = 84 |

② Verbinde die Rechnungen mit dem gleichen Ergebnis.

| 81 − 50 = 31 | 100 − 24 = 76 | 80 − 25 = 55 | 99 − 66 = 33 | 24 − 23 = 1 |

| 61 − 6 = 55 | 89 − 88 = 1 | 40 − 9 = 31 | 82 − 6 = 76 | 63 − 30 = 33 |

③ Welche Zahl fehlt?

33 + 2 = 32 + 3
33 + 2 = 31 + 4
33 + 2 = 30 + 5

57 + 6 = 58 + 5
57 + 6 = 59 + 4
57 + 6 = 60 + 3

④ Plusaufgaben verändern: 58 + 17

Ich rechne 60 + 15. Das ist leichter.

58 + 17 = 60 + 15 = 75

a) 48 + 26 = 50 + 24   = 74
69 + 25 = 70 + 24   = 94
37 + 55 = 40 + 52   = 92

b) 68 + 17 = 70 + 15   = 85
29 + 47 = 30 + 46   = 76
78 + 24 = 80 + 22   = 102

45

Mit Messgeräten messen

① Schätze die Länge und miss dann genau nach. Beim Schätzen hilft die Daumenbreite.

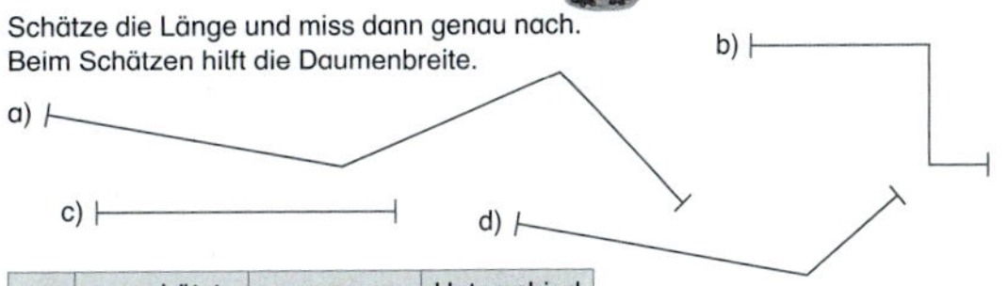

a)   b)   c)   d)   e)

	geschätzt	gemessen	Unterschied
a)		12 cm	
b)		6 cm	
c)		5 cm	
d)		7 cm	
e)		8 cm	

② Diese Tiere sind verkleinert dargestellt. Wie groß sind die Tiere wirklich? Zeichne.

Bei Schmetterlingen und Libellen wird die Flügelspannweite gemessen, bei Käfern und Raupen die Körperlänge.

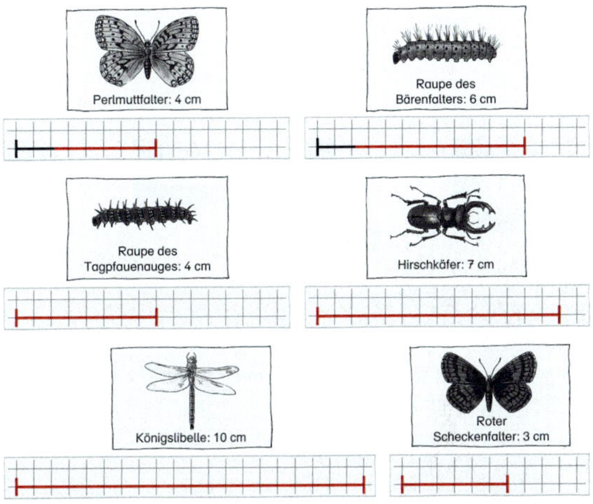

Perlmuttfalter: 4 cm
Raupe des Bärenfalters: 6 cm
Raupe des Tagpfauenauges: 4 cm
Hirschkäfer: 7 cm
Königslibelle: 10 cm
Roter Scheckenfalter: 3 cm

46

Wir messen und rechnen

① Miss die Strecken und trage die Längen in die Zeichnung ein.

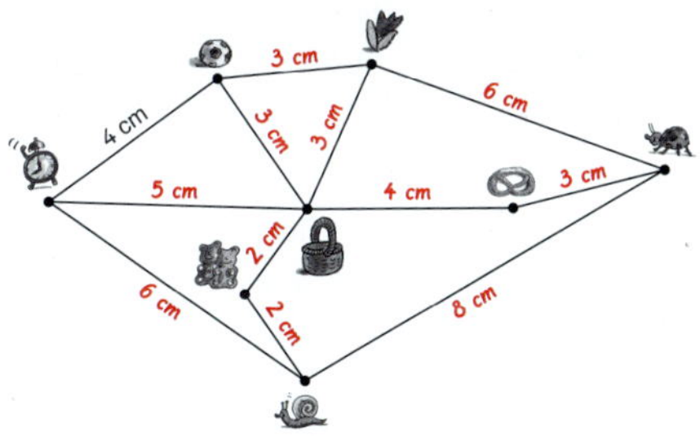

3 cm
4 cm   3 cm 3 cm   6 cm
5 cm   4 cm   3 cm
2 cm
6 cm   2 cm   8 cm

② Wie lang ist die kürzeste Strecke? Trage ein.

12 cm   4 cm   5 cm   7 cm

③ Verlängere die Strecken um 2 cm. Schreibe die Rechnung daneben. Wie lang ist die Strecke jetzt?

a)   6 cm + 2 cm = 8 cm
b)   8 cm + 2 cm = 10 cm
c)   7 cm + 2 cm = 9 cm
d)   4 cm + 2 cm = 6 cm

④ Ergänze auf 1 m.

1 m sind 100 cm.

50 cm + 50 cm = 1 m   25 cm + 75 cm = 1 m
99 cm + 1 cm = 1 m   14 cm + 86 cm = 1 m
63 cm + 37 cm = 1 m   80 cm + 20 cm = 1 m
46 cm + 54 cm = 1 m   1 cm + 99 cm = 1 m

47

Malnehmen

① Immer 3 Karten passen zusammen. Rahme sie mit der gleichen Farbe ein.

5 + 5 = 10
2 + 2 + 2 = 6
2 · 5 = 10
4 · 4 = 16
4 + 4 + 4 + 4 = 16
3 · 2 = 6
3 + 3 + 3 + 3 = 12
4 · 3 = 12

② Male Punktebilder zur Geschichte. Schreibe Plus- und Malrechnungen auf.

a) Bim geht 4-mal zum Birnbaum. Er holt jedes Mal 2 Birnen. Wie viele Birnen sind das?

2 + 2 + 2 + 2 = 8
4 · 2 = 8

b) Simsala geht 3-mal in den Garten. Sie holt jedes Mal 6 Rüben. Wie viele Rüben sind das?

6 + 6 + 6 = 18
3 · 6 = 18

③ Schreibe Plus- und Malaufgaben auf. Rechne.

4 + 4 + 4 = 12
3 · 4 = 12

5 + 5 + 5 + 5 = 20
4 · 5 = 20

3 + 3 + 3 + 3 + 3 = 15
5 · 3 = 15

6 + 6 = 12
2 · 6 = 12

48

Zahlenzauber 2 – Lösungsheft © 2016 Cornelsen Schulverlage GmbH, Berlin. Alle Rechte vorbehalten.

① Welche Aufgaben passen zu den Bildern? Verbinde und rechne.

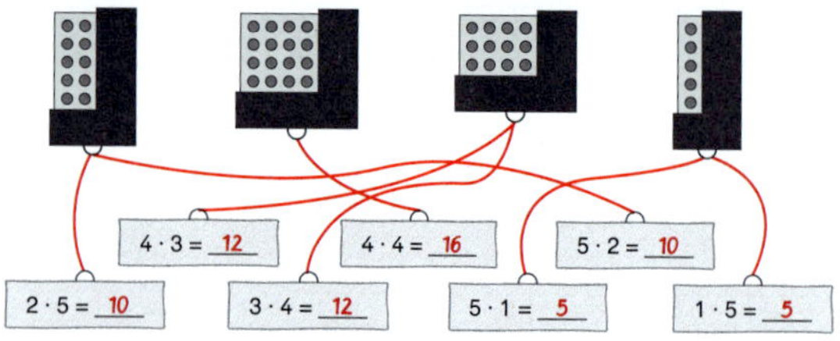

$4 \cdot 3 = 12$ $4 \cdot 4 = 16$ $5 \cdot 2 = 10$

$2 \cdot 5 = 10$ $3 \cdot 4 = 12$ $5 \cdot 1 = 5$ $1 \cdot 5 = 5$

② Schreibe Aufgabe und Tauschaufgabe auf.

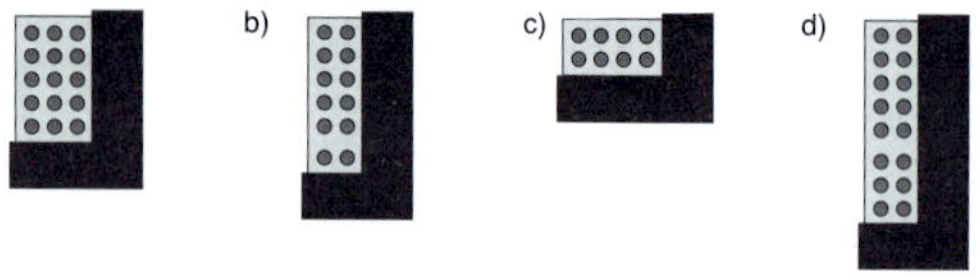

a) $3 \cdot 5 = 15$
$5 \cdot 3 = 15$

b) $2 \cdot 6 = 12$
$6 \cdot 2 = 12$

c) $2 \cdot 4 = 8$
$4 \cdot 2 = 8$

d) $2 \cdot 8 = 16$
$8 \cdot 2 = 16$

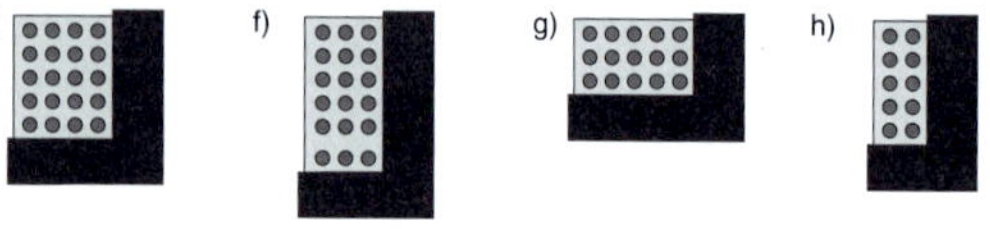

e) $4 \cdot 5 = 20$
$5 \cdot 4 = 20$

f) $3 \cdot 6 = 18$
$6 \cdot 3 = 18$

g) $5 \cdot 3 = 15$
$3 \cdot 5 = 15$

h) $2 \cdot 5 = 10$
$5 \cdot 2 = 10$

③ Diese Ergebnisse solltest du dir merken. Verbinde Rechnung und Ergebnis.

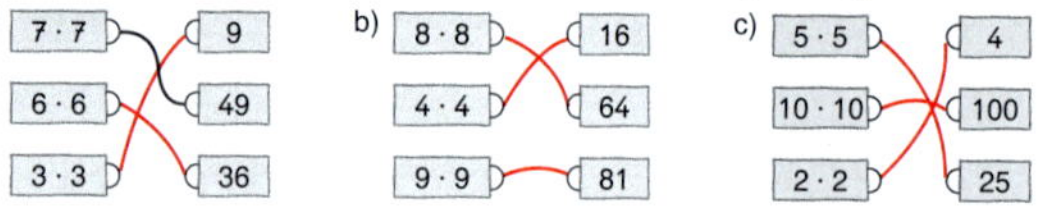

a) $7 \cdot 7$ — 9
$6 \cdot 6$ — 49
$3 \cdot 3$ — 36

b) $8 \cdot 8$ — 16
$4 \cdot 4$ — 64
$9 \cdot 9$ — 81

c) $5 \cdot 5$ — 4
$10 \cdot 10$ — 100
$2 \cdot 2$ — 25

49

eine Reihe weg   eine Reihe dazu

① Wie heißen die veränderten Aufgaben?

a) Rechne.

$5 \cdot 5 = 25$ $6 \cdot 6 = 36$

1 Reihe dazu | 1 Reihe weg | 1 Reihe dazu | 1 Reihe weg

$6 \cdot 5 = 30$ z.B. $4 \cdot 5 = 20$ z.B. $7 \cdot 6 = 42$ z.B. $5 \cdot 6 = 30$

b) Zeichne und rechne.

$9 \cdot 9 = 81$ $8 \cdot 8 = 64$

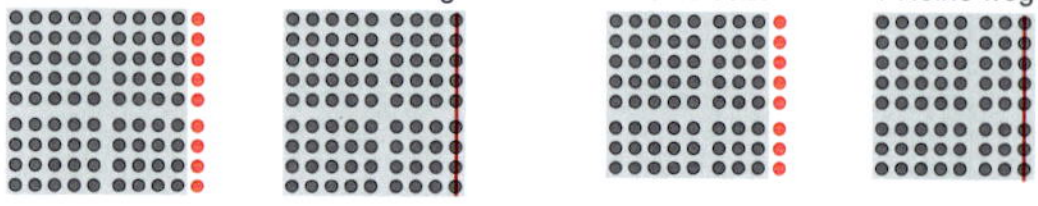

1 Reihe dazu | 1 Reihe weg | 1 Reihe dazu | 1 Reihe weg

$10 \cdot 9 = 90$ $8 \cdot 9 = 72$ $9 \cdot 8 = 72$ $7 \cdot 8 = 56$

② Verändere die Quadrataufgaben.

a) Eine Reihe dazu:

$5 \cdot 5 = 25$	$4 \cdot 4 = 16$	$7 \cdot 7 = 49$	$9 \cdot 9 = 81$	$3 \cdot 3 = 9$
$6 \cdot 5 = 30$	$5 \cdot 4 = 20$	$8 \cdot 7 = 56$	$10 \cdot 9 = 90$	$4 \cdot 3 = 12$

b) Eine Reihe weg:

$8 \cdot 8 = 64$	$10 \cdot 10 = 100$	$9 \cdot 9 = 81$	$4 \cdot 4 = 16$	$7 \cdot 7 = 49$
$7 \cdot 8 = 56$	$9 \cdot 10 = 90$	$8 \cdot 9 = 72$	$3 \cdot 4 = 12$	$6 \cdot 7 = 42$

50

① Verbinde Plus- und Malaufgabe.

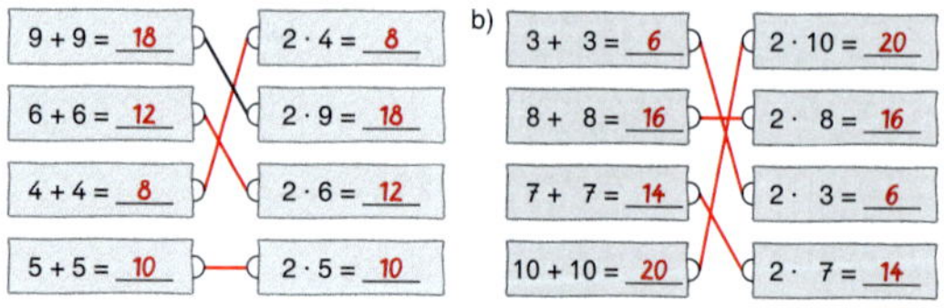

a)
$9 + 9 = 18$ $2 \cdot 4 = 8$
$6 + 6 = 12$ $2 \cdot 9 = 18$
$4 + 4 = 8$ $2 \cdot 6 = 12$
$5 + 5 = 10$ $2 \cdot 5 = 10$

b)
$3 + 3 = 6$ $2 \cdot 10 = 20$
$8 + 8 = 16$ $2 \cdot 8 = 16$
$7 + 7 = 14$ $2 \cdot 3 = 6$
$10 + 10 = 20$ $2 \cdot 7 = 14$

② Malaufgaben mit 2

a) $2 \cdot 6 = 12$
$2 \cdot 7 = 14$
$2 \cdot 8 = 16$

b) $2 \cdot 8 = 16$
$2 \cdot 9 = 18$
$2 \cdot 10 = 20$

c) $2 \cdot 4 = 8$
$2 \cdot 5 = 10$
$2 \cdot 6 = 12$

d) $7 \cdot 2 = 14$
$8 \cdot 2 = 16$
$9 \cdot 2 = 18$

③ Welche Malaufgabe mit 2 hilft?

a) $3 \cdot 5 = 15$
$2 \cdot 5 = 10$

b) $3 \cdot 8 = 24$
$2 \cdot 8 = 16$

c) $3 \cdot 7 = 21$
$2 \cdot 7 = 14$

Nachbaraufgaben!

d) $3 \cdot 4 = 12$
$2 \cdot 4 = 8$

e) $3 \cdot 9 = 27$
$2 \cdot 9 = 18$

f) $3 \cdot 6 = 18$
$2 \cdot 6 = 12$

★ ④ Kreise immer eine Aufgabe, ihre Tauschaufgabe und das Ergebnis in der gleichen Farbe ein.

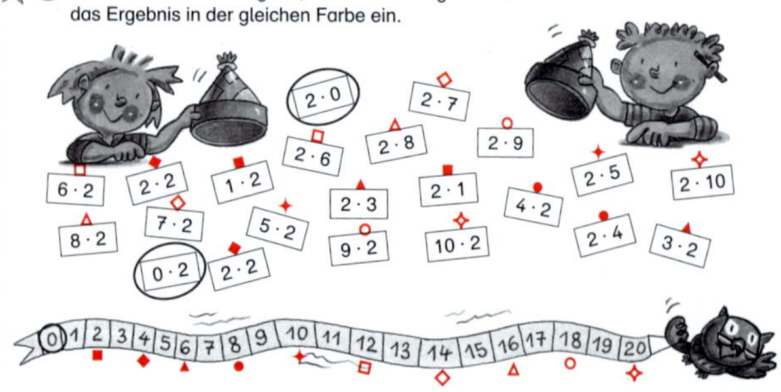

$2 \cdot 0$ $2 \cdot 7$
$2 \cdot 6$ $2 \cdot 8$ $2 \cdot 9$
$6 \cdot 2$ $2 \cdot 2$ $1 \cdot 2$ $2 \cdot 1$ $2 \cdot 10$
$7 \cdot 2$ $5 \cdot 2$ $9 \cdot 2$ $4 \cdot 2$
$8 \cdot 2$ $0 \cdot 2$ $2 \cdot 2$ $2 \cdot 4$ $3 \cdot 2$

0 1 2 3 4 5 6 7 8 9 10 11 12 13 14 15 16 17 18 19 20

51

mal 10   10 mal

① Malaufgaben mit 10

$1 \cdot 10 = 10$ $7 \cdot 10 = 70$ $10 \cdot 9 = 90$ $10 \cdot 10 = 100$
$3 \cdot 10 = 30$ $6 \cdot 10 = 60$ $10 \cdot 8 = 80$ $10 \cdot 2 = 20$
$5 \cdot 10 = 50$ $4 \cdot 10 = 40$ $10 \cdot 7 = 70$ $10 \cdot 0 = 0$

② Verändere Malaufgaben mit 10 und rechne.

a)
$10 \cdot 5 = 50$	$10 \cdot 9 = 90$	$10 \cdot 7 = 70$	$10 \cdot 2 = 20$	$10 \cdot 3 = 30$
$9 \cdot 5 = 45$	$9 \cdot 9 = 81$	$9 \cdot 7 = 63$	$9 \cdot 2 = 18$	$9 \cdot 3 = 27$

b)
$10 \cdot 6 = 60$	$10 \cdot 10 = 100$	$10 \cdot 4 = 40$	$10 \cdot 8 = 80$
$9 \cdot 6 = 54$	$9 \cdot 10 = 90$	$9 \cdot 4 = 36$	$9 \cdot 8 = 72$

③ Die Nachbaraufgabe mit 10 hilft. Schreibe auf und rechne.

$9 \cdot 8 = 72$	$9 \cdot 6 = 54$	$9 \cdot 7 = 63$	$9 \cdot 4 = 36$	$9 \cdot 3 = 27$
$10 \cdot 8 = 80$	$10 \cdot 6 = 60$	$10 \cdot 7 = 70$	$10 \cdot 4 = 40$	$10 \cdot 3 = 30$

④ Welche Bälle gehören in welchen Korb? Verbinde.

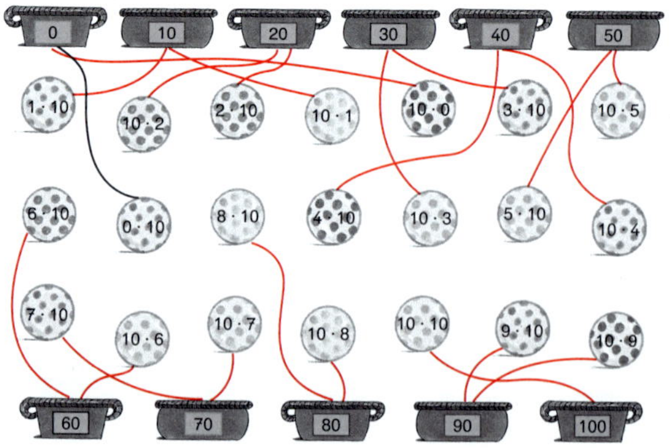

0   10   20   30   40   50

$1 \cdot 10$ $10 \cdot 2$ $2 \cdot 10$ $10 \cdot 1$ $3 \cdot 10$ $10 \cdot 5$

$6 \cdot 10$ $0 \cdot 10$ $8 \cdot 10$ $4 \cdot 10$ $10 \cdot 3$ $5 \cdot 10$

$7 \cdot 10$ $10 \cdot 6$ $10 \cdot 7$ $10 \cdot 8$ $10 \cdot 10$ $9 \cdot 10$ $10 \cdot 4$ $10 \cdot 9$

60   70   80   90   100

52

① Suche zu jeder ·10·Aufgabe die passende ·5·Aufgabe. Verbinde und rechne.
Was fällt dir auf?

a)
3 · 10 = _30_   5 · 5 = _25_
5 · 10 = _50_   4 · 5 = _20_
4 · 10 = _40_   3 · 5 = _15_

b)
9 · 10 = _90_   6 · 5 = _30_
8 · 10 = _80_   9 · 5 = _45_
6 · 10 = _60_   8 · 5 = _40_

② Rechne.

a) 2 · 5 = _10_   b) 6 · 5 = _30_   c) 1 · 5 = _5_   d) 9 · 5 = _45_
   4 · 5 = _20_   5 · 5 = _25_   8 · 5 = _40_   0 · 5 = _0_
   3 · 5 = _15_   10 · 5 = _50_   7 · 5 = _35_   1 · 5 = _5_

③ Nachbaraufgaben

a) 5 · 5 = _25_   b) 8 · 5 = _40_   c) 2 · 5 = _10_
   6 · 5 = _30_   9 · 5 = _45_   3 · 5 = _15_
   7 · 5 = _35_   10 · 5 = _50_   4 · 5 = _20_

④ Schreibe Malaufgaben zu diesen Ergebnissen auf.

20
_2_ · _10_ = 20
_10_ · _2_ = 20
_5_ · _4_ = 20
_4_ · _5_ = 20

40
_4_ · _10_ = 40
_10_ · _4_ = 40
_8_ · _5_ = 40
_5_ · _8_ = 40

30
_3_ · _10_ = 30
_10_ · _3_ = 30
_6_ · _5_ = 30
_5_ · _6_ = 30

45
_9_ · _5_ = 45
_5_ · _9_ = 45
_3_ · _15_ = 45
_15_ · _3_ = 45

53

① Kernaufgaben aus der Einmaleinstabelle

·2		2·	
1 · 2 = _2_		2 · 1 = _2_	
2 · 2 = _4_		2 · 2 = _4_	
3 · 2 = _6_		2 · 3 = _6_	
4 · 2 = _8_		2 · 4 = 8	
5 · 2 = _10_		2 · 5 = 10	
6 · 2 = _12_		2 · 6 = 12	
7 · 2 = _14_		2 · 7 = 14	
8 · 2 = _16_		2 · 8 = 16	
9 · 2 = _18_		2 · 9 = 18	
10 · 2 = _20_		2 · 10 = 20	

·5		5·	
1 · 5 = _5_		5 · 1 = _5_	
2 · 5 = _10_		5 · 2 = _10_	
3 · 5 = _15_		5 · 3 = _15_	
4 · 5 = _20_		5 · 4 = 20	
5 · 5 = _25_		5 · 5 = 25	
6 · 5 = _30_		5 · 6 = 30	
7 · 5 = _35_		5 · 7 = 35	
8 · 5 = _40_		5 · 8 = 40	
9 · 5 = _45_		5 · 9 = 45	
10 · 5 = _50_		5 · 10 = 50	

Lerne sie auswendig. Du musst sie im Schlaf können!

·10		10·	
1 · 10 = _10_		10 · 1 = _10_	
2 · 10 = _20_		10 · 2 = _20_	
3 · 10 = _30_		10 · 3 = _30_	
4 · 10 = _40_		10 · 4 = 40	
5 · 10 = _50_		10 · 5 = 50	
6 · 10 = _60_		10 · 6 = 60	
7 · 10 = _70_		10 · 7 = 70	
8 · 10 = _80_		10 · 8 = 80	
9 · 10 = _90_		10 · 9 = 90	
10 · 10 = _100_		10 · 10 = 100	

1 · 2 = 2
2 · 2 = _4_

Quadrataufgaben

1 · 1 = _1_
2 · 2 = _4_
3 · 3 = _9_
4 · 4 = _16_
5 · 5 = _25_
6 · 6 = _36_
7 · 7 = _49_
8 · 8 = _64_
9 · 9 = _81_
10 · 10 = _100_

Was ist hier mit den Tauschaufgaben?

Bei den Quadrataufgaben sind Aufgabe und Tauschaufgabe jeweils identisch.

② Kernaufgaben üben

a) 7 · 10 = _70_   b) 5 · 4 = _20_   c) 6 · 2 = _12_   d) 5 · 5 = _25_
   3 · 5 = _15_   4 · 2 = _8_   8 · 5 = _40_   9 · 2 = _18_
   8 · 2 = _16_   6 · 6 = _36_   7 · 7 = _49_   10 · 8 = _80_
   9 · 9 = _81_   2 · 7 = _14_   5 · 9 = _45_   8 · 8 = _64_

54

Welche Aufgaben sind hier zusammengesetzt worden?
Schreibe sie auf und rechne.

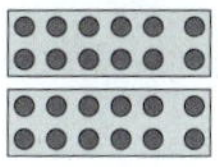

2 · 6 = 12
2 · 6 = 12
4 · 6 = _24_

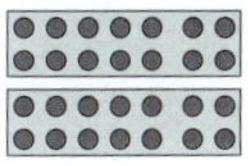

2 · 7 = _14_
2 · 7 = _14_
4 · 7 = _28_

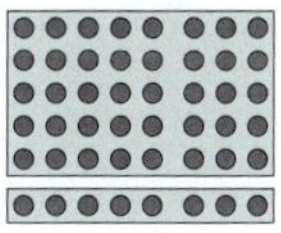

5 · 8 = _40_
1 · 8 = _8_
6 · 8 = _48_

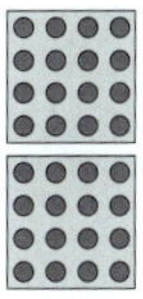

4 · 4 = _16_
4 · 4 = _16_
8 · 4 = _32_

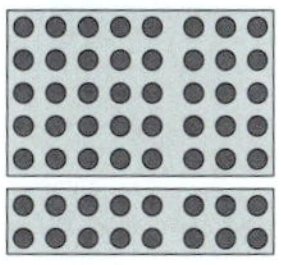

5 · 8 = _40_
2 · 8 = _16_
7 · 8 = _56_

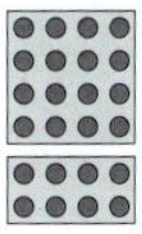

4 · 4 = _16_
2 · 4 = _8_
6 · 4 = _24_

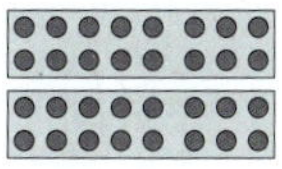

2 · 8 = _16_
2 · 8 = _16_
4 · 8 = _32_

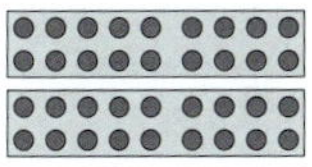

2 · 9 = _18_
2 · 9 = _18_
4 · 9 = _36_

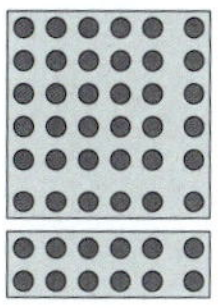

6 · 6 = _36_
2 · 6 = _12_
8 · 6 = _48_

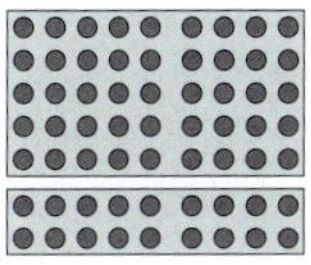

5 · 9 = _45_
2 · 9 = _18_
7 · 9 = _63_

55

Es gibt mehrere Möglichkeiten.

① Verbinde.

Die Schuhe von Michael, Clara und Maximilian stehen vor der Tür.

Maria hat 3 Deutschhefte und 2 Mathematikhefte.

3 · 2 = _6_   2 · 3 = _6_   3 + 2 = _5_   3 – 2 = _1_

② Schreibe die Rechnungen zu den Bildern auf.

a)  5 Bücher?
5 · 6 € = 30 €
6 Bücher?
6 · 6 € = 36 €

b)  6 Autos?
6 · 4 = 24
5 Autos?
5 · 4 = 20

c)  4 Türme?
4 · 5 = 20
9 Türme?
9 · 5 = 45

d)  3 Wochen?
3 · 7 = 21
6 Wochen?
6 · 7 = 42

③ Malaufgabe gesucht:
Färbe sie im Bild und schreibe die Aufgabe in derselben Farbe auf.

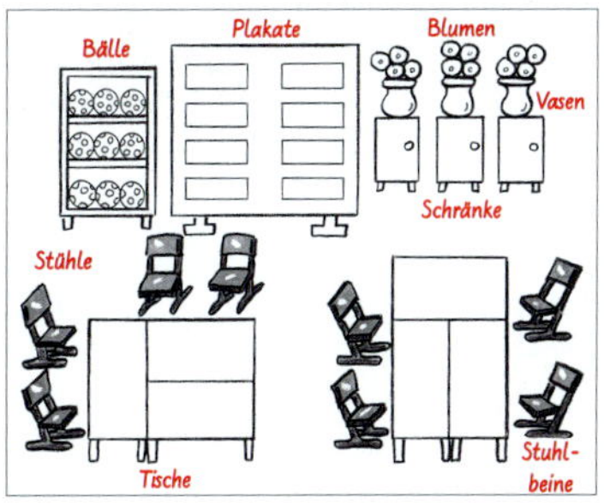

Bälle   Plakate   Blumen   Vasen   Schränke   Stühle   Tische   Stuhlbeine

z. B.
4 · 2 = 8   (Stühle)
3 · 3 = 9   (Bälle)
2 · 4 = 8   (Plakate)
2 · 3 = 6   (Tische)
3 · 1 = 3   (Vasen)
3 · 4 = 12 (Blumen)
8 · 2 = 16 (Stuhlbeine)

56

Spannendes am Geobrett

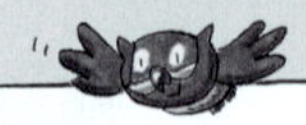

SB S. 80/81

① Zeichne die Symmetrieachsen farbig ein.

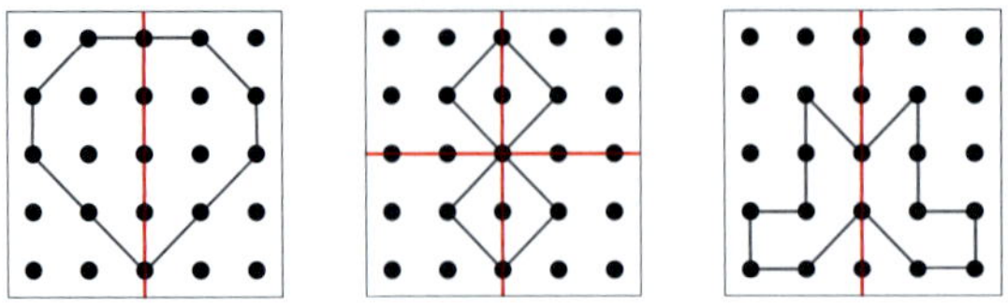

② Zeichne ein: Mache aus dem Quadrat …

… 4 Quadrate … 4 Dreiecke z. B. … 4 Rechtecke

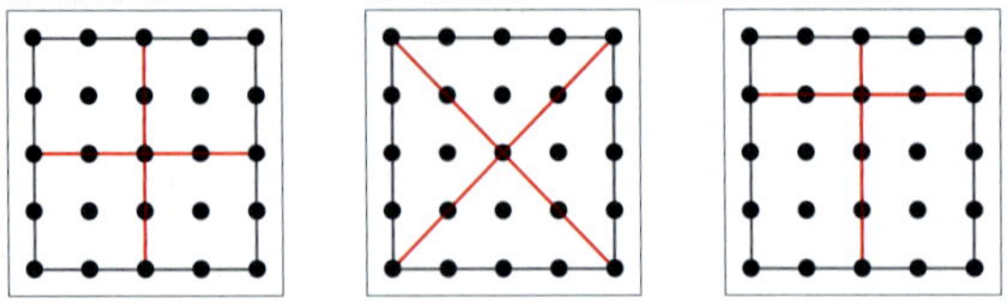

③ Spanne die Figuren nach. Welche Fläche ist die größte? Male sie an.

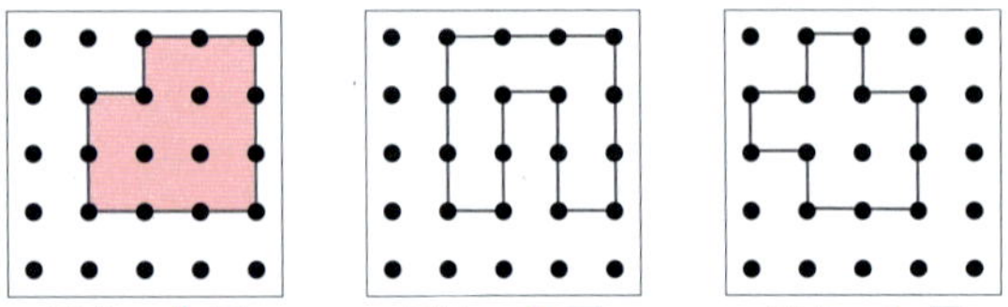

Fläche: 8 ☐ Fläche: 7 ☐ Fläche: 6 ☐

④ Überlege zuerst: Was entsteht, wenn du die Punkte verbindest? Überprüfe dann.

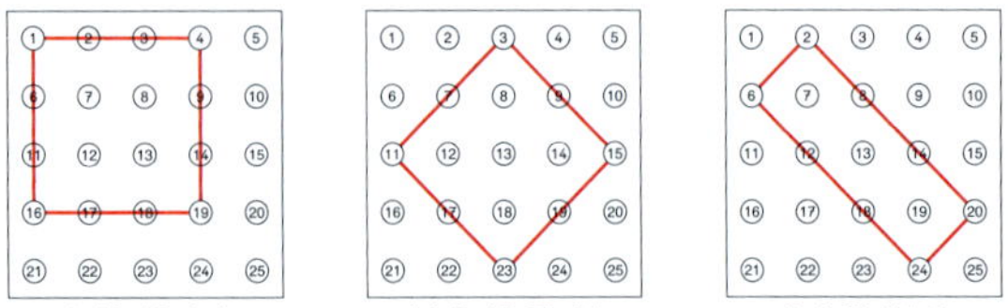

1, 16, 19, 4, 1	11, 3, 15, 23, 11	6, 2, 20, 24, 6
Quadrat	Quadrat	Rechteck

Zahlenzauber 2 – Arbeitsheft © 2016 Cornelsen Schulverlage GmbH, Berlin. Alle Rechte vorbehalten.

Spiele mit Würfeln

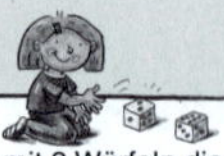

SB S. 82/83

① a) Clara wählt beim Spiel mit 2 Würfeln die Ergebniszahl 9.
Mit welchen Würfelergebnissen erreicht sie 9? Zeichne die Würfelpunkte.

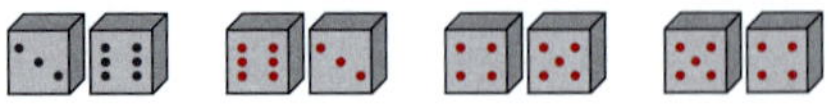

b) Elias wählt die Ergebniszahl 6.

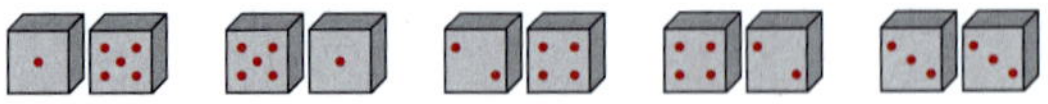

c) Wer hat eine größere Gewinnchance? Begründe.

Elias hat die größere Gewinnchance, weil es mehr Möglichkeiten gibt, eine 6 zu würfeln als eine 9.

② Spiele mit 2 Würfeln.
Kann das sein? Kreuze an.

	stimmt	stimmt nicht
Mit dem Ergebnis 7 gewinne ich immer.	☐	☒
Das Ergebnis 12 gibt es nicht.	☐	☒
Es gibt mehr Möglichkeiten, das Ergebnis 6 zu würfeln als das Ergebnis 4.	☒	☐
Das Ergebnis 20 gibt es nicht.	☒	☐
Es ist möglich, ein gerades Ergebnis zu würfeln.	☒	☐
Wenn man ein gerades Ergebnis gewürfelt hat, würfelt man danach immer ein ungerades Ergebnis.	☐	☒
Es gibt 3 Möglichkeiten, das Ergebnis 4 zu würfeln.	☒	☐

★ ③ Welche Ergebniszahl würdest du beim Spiel mit 2 Würfeln nicht wählen? Begründe.

Eine mögliche Antwort ist: Beim Spiel mit 2 Würfeln würde ich nicht die Ergebniszahl 1 wählen, da sie nicht gewürfelt werden kann.

Zahlenzauber 2 – Arbeitsheft © 2016 Cornelsen Schulverlage GmbH, Berlin. Alle Rechte vorbehalten.

Grundwissen ③

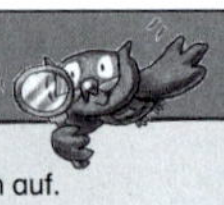

SB S. 84/85

❶ Schreibe beide Malaufgaben auf.

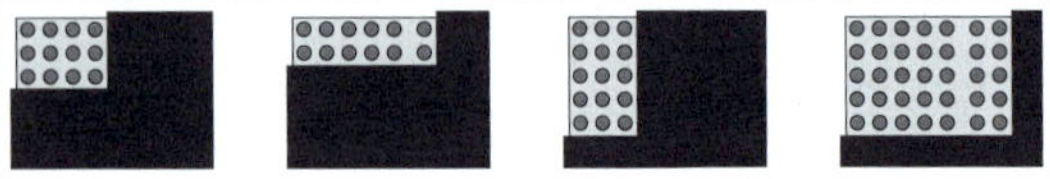

3 · 4 = 12	2 · 6 = 12	5 · 3 = 15	5 · 7 = 35
4 · 3 = 12	6 · 2 = 12	3 · 5 = 15	7 · 5 = 35

❷ Quadrataufgaben

3 · 3 = 9	6 · 6 = 36	4 · 4 = 16	9 · 9 = 81
5 · 5 = 25	8 · 8 = 64	7 · 7 = 49	0 · 0 = 0

❸ Malaufgaben mit 2

2 · 4 = 8	5 · 2 = 10	2 · 9 = 18	10 · 2 = 20
2 · 6 = 12	3 · 2 = 6	2 · 7 = 14	8 · 2 = 16

❹ Malaufgaben mit 5

5 · 6 = 30	1 · 5 = 5	5 · 7 = 35	8 · 5 = 40
5 · 0 = 0	4 · 5 = 20	5 · 3 = 15	9 · 5 = 45

❺ Malaufgaben mit 10

10 · 2 = 20	7 · 10 = 70	10 · 1 = 10	0 · 10 = 0
10 · 6 = 60	9 · 10 = 90	10 · 3 = 30	5 · 10 = 50

❻ Nachbaraufgaben

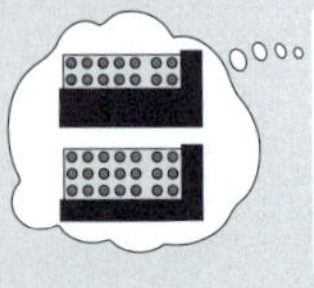

2 · 7 = 14	2 · 9 = 18	10 · 7 = 70
3 · 7 = 21	3 · 9 = 27	9 · 7 = 63
6 · 6 = 36	5 · 8 = 40	10 · 4 = 40
7 · 6 = 42	6 · 8 = 48	9 · 4 = 36

Zahlenzauber 2 – Arbeitsheft © 2016 Cornelsen Schulverlage GmbH, Berlin. Alle Rechte vorbehalten.

Bist du fit? ③

SB S. 84/85

❶ Kreise mit der entsprechenden Farbe ein. Würfel Quader Kugel

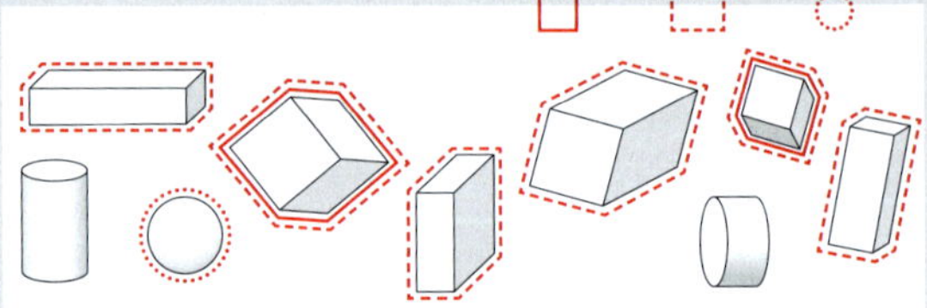

Es bleiben Formen übrig.

❷ Schätze die Längen und verbinde.

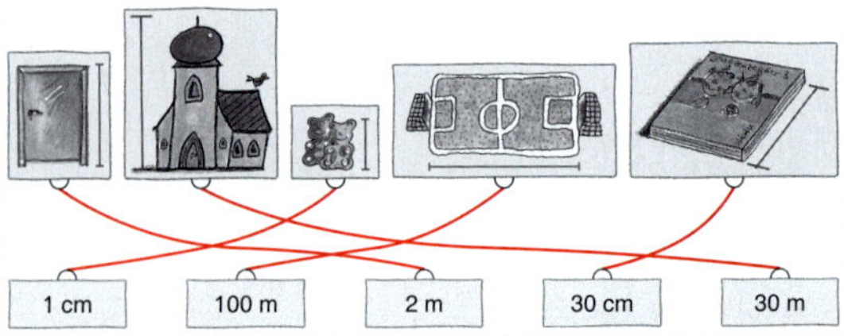

1 cm
100 m
2 m
30 cm
30 m

❸ Spiele mit 3 Würfeln.

a) Welches ist das kleinste Ergebnis?

Welches ist das größte Ergebnis?
Trage ein.

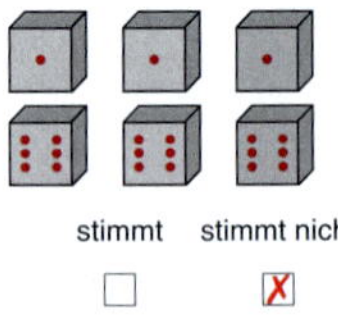

b) Kann das sein? Kreuze an ☒.

	stimmt	stimmt nicht
Das Ergebnis 18 gibt es nicht.	☐	☒
Es gibt drei Möglichkeiten, das Ergebnis 4 zu würfeln.	☒	☐
Es gibt mehr Möglichkeiten, das Ergebnis 3 zu würfeln als das Ergebnis 6.	☐	☒
Es gibt weniger Möglichkeiten, das Ergebnis 17 zu würfeln als das Ergebnis 11.	☒	☐

Zahlenzauber 2 – Arbeitsheft © 2016 Cornelsen Schulverlage GmbH, Berlin. Alle Rechte vorbehalten.

Zahlenzauber 2 – Lösungsheft © 2016 Cornelsen Schulverlage GmbH, Berlin. Alle Rechte vorbehalten.

① Zähle das Geld.

a)

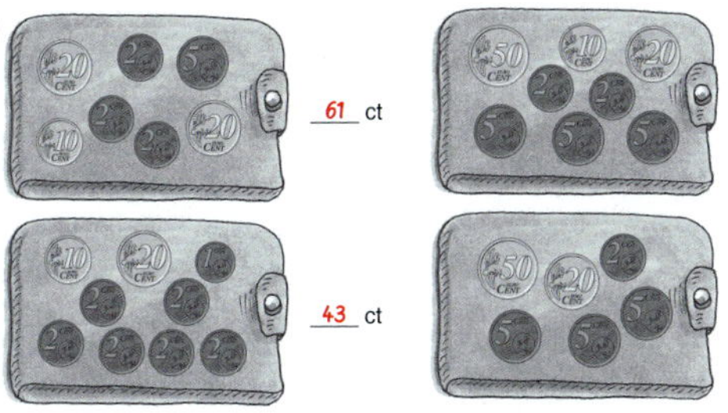

_61_ ct

_99_ ct

_43_ ct

_87_ ct

b)

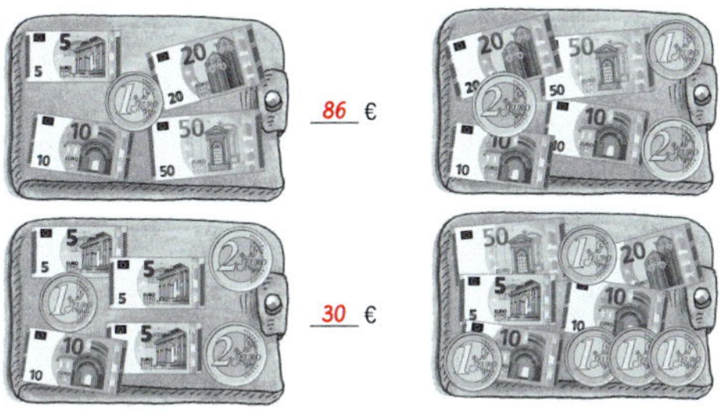

_86_ €

_95_ €

_30_ €

_100_ €

c) Schreibe die Geldbeträge von a) und b) geordnet auf. Beginne mit dem kleinsten Geldbetrag.

_43 ct, 61 ct, 87 ct, 99 ct, 30 €, 86 €, 95 €, 100 €_

② Wie viel Geld ist im Sparschwein?

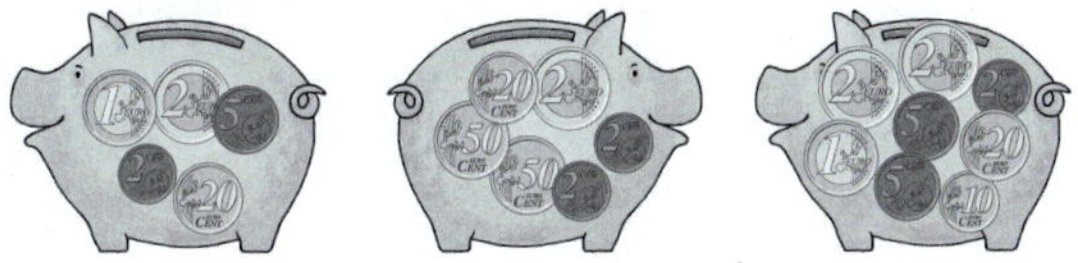

_3_ € _27_ ct   _3_ € _24_ ct   _5_ € _42_ ct

61

---

① In welche Scheine und Münzen kannst du wechseln? Trage ein.

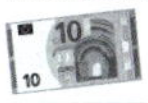

a) 5 €   5 €   b) 2 € 2 € 2 € 1 € 1 € 1 € 1 €

c) 5 € 2 € 2 € 1 €

d) 5 € 1 € 1 € 1 € 1 € 1 €

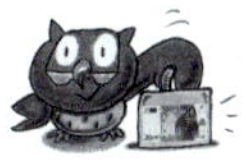

②

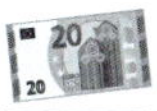

a) 10 € 5 € 5 €   b) 10 € 10 €

c) 10 € 5 € 1 € 1 € 1 € 1 € 1 €

d) 10 € 2 € 2 € 2 € 1 € 1 € 1 € 1 €

③ In jeder Dose ist 1 €: Welche Münze fehlt?

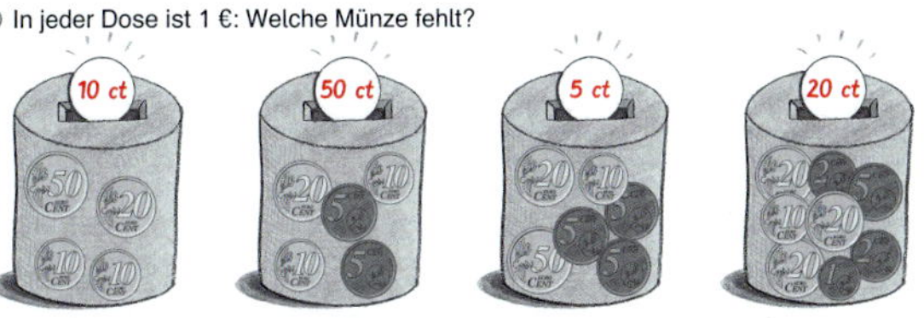

10 ct   50 ct   5 ct   20 ct

④ Es sollen immer 50 € sein. Welcher Schein fehlt?

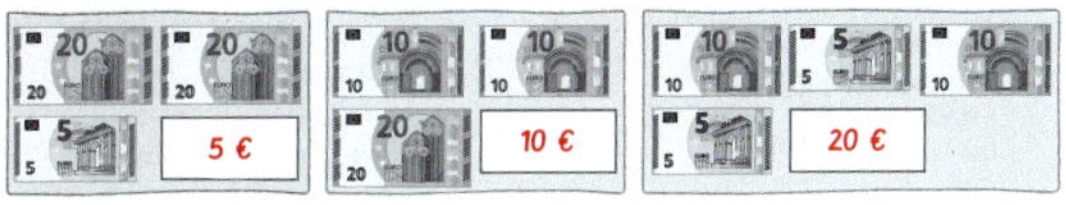

5 €   10 €   20 €

⑤ Ergänze.

a) 50 € + 20 € + 10 € + 5 € + 5 € + _10_ € = 100 €

b) 50 € + 20 € + 10 € + 10 € + 5 € + _5_ € = 100 €

c) 50 € + 20 € + 20 € + 10 € + _0_ € = 100 €

62

---

① Wie könntest du diese Geldbeträge legen? Finde 2 Möglichkeiten.

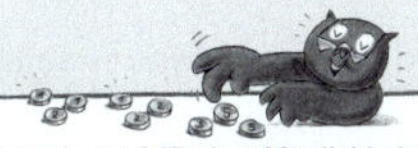

Preis	2 €	1 €	50 ct	20 ct	10 ct	5 ct	2 ct	1 ct	
4 € 44 ct	2	–	–	4	–	2	–	–	
	1	2	–	2	–	–	–	4	z. B.
2 € 86 ct	1	–	1	1	1	1	–	1	
	–	1	3	–	3	–	3	–	
9 € 61 ct	4	1	1	–	1	–	–	1	
	4	–	3	–	–	2	–	1	

② Wie viel Geld bleibt übrig? Zeichne.

gespartes Geld	Wunsch	übriges Geld
50 €	18 €	2 € 20 € 10 €
50 €	7 €	z. B. 2 € 1 € 10 €
100 €	25 €	z. B. 5 € 20 € 50 €
50 €	42 €	z. B. 2 € 1 € 5 €

③ Wie viel Geld fehlt noch? Zeichne.

gespartes Geld	Wunsch	fehlendes Geld
	22 €	z. B. 5 € 2 €
	80 €	z. B. 2 € 2 € 2 €
	61 €	z. B. 2 € 2 € 20 €
	5 €	z. B. 50 ct 1 €

63

Der Zauberkoch empfiehlt

Rattenschwanz-suppe ____ 3 €
Salat Eulalia ____ 4 € 50 ct
grüne Zauber-nudeln ____ 6 €
Lila Mäuse gegrillt ____ 8 €
Zaubertrank ____ 2 € 50 ct
Holunderwein ____ 2 €
Beerenmus mit Eis ____ 5 €
★ ★ ★

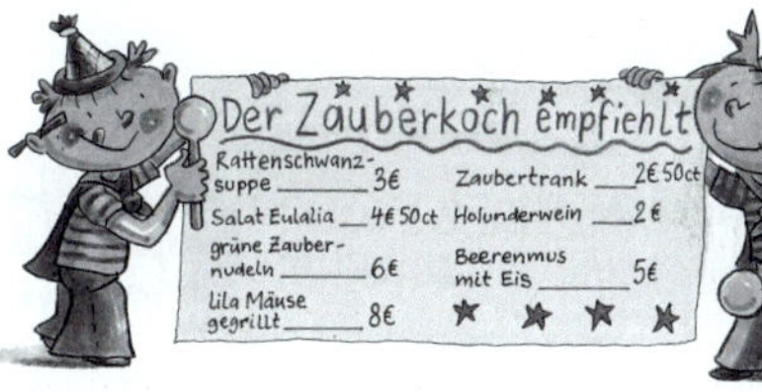

① Wie hoch ist die Rechnung an jedem Tisch?

Tisch 1:
2 Holunder-wein
1 Mäuse
1 Nudeln
2 Beerenmus

2 · 2 € = 4 €   2 · 5 € = 10 €
4 € + 8 € + 6 € + 10 € = 28 €

Antwort: Die Rechnung beträgt _28_ €.

Tisch 2:
III Suppe
I Salat
I Zauber-trank

3 · 3 € = 9 €
9 € + 4,50 € + 2,50 € = 16 €

Antwort: _Die Rechnung beträgt 16 €._

Tisch 3:
4 Holunder-wein
3 Beerenmus
2 Salat

4 · 2 € = 8 €   3 · 5 € = 15 €
2 · 4,50 € = 9 €
8 € + 15 € + 9 € = 32 €

Antwort: _Die Rechnung beträgt 32 €._

② Wie hoch ist das Rückgeld? Schreibe auf.

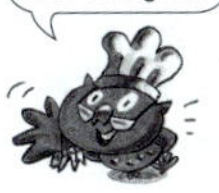

Und was ist mit dem Trinkgeld?

Rechnung	gegeben	zurück
38 €	100 €	62 €
40 € 50 ct	50 € 50 ct	10 €
15 €	50 €	35 €

64

Wege auf dem Spielplatz

nach links | geradeaus | nach rechts

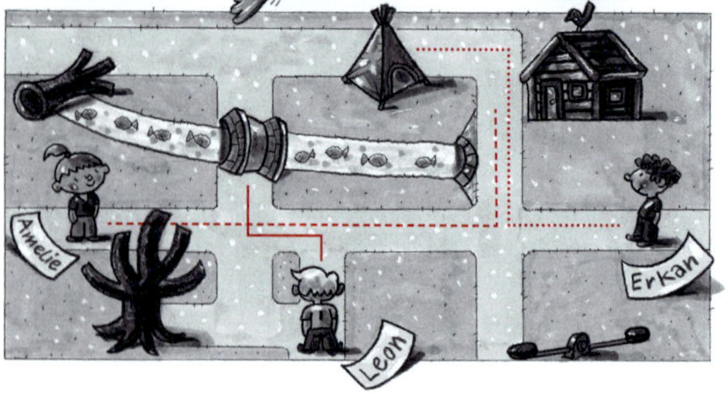

① Zeichne und beschreibe die Wege auf dem Spielplatz.

z. B. a) Leon geht zur Brücke. Er geht *zuerst geradeaus, biegt links ab und an der nächsten Kreuzung rechts.*

b) Amelie geht zur Holzhütte. Sie *geht zuerst geradeaus und biegt dann an der 2. Kreuzung links ab.*

c) Erkan geht zum Tipi. Er geht *zuerst geradeaus, biegt dann rechts ab und folgt der Straße nach links bis zum Tipi.*

② a) Amelie geht ein Stück geradeaus. Was sieht sie an der nächsten Kreuzung links? Male.

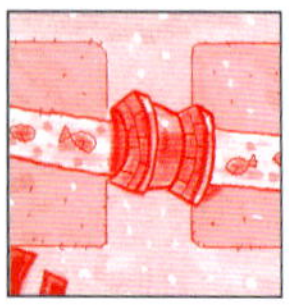

b) Erkan geht ein Stück geradeaus und biegt dann rechts ab. Was sieht er rechts? Male.

③ Wo kommen die Kinder an?

a) Erkan geht ein Stück geradeaus und biegt nach links ab. *Wippe*

b) Amelie geht geradeaus und biegt dann links ab. Sie geht weiter geradeaus und biegt nochmals links ab. *Baumstamm*

c) Leon geht geradeaus, biegt rechts ab und dann noch mal rechts. *Wippe*

65

Verteilen

① Verteile gerecht und schreibe die Rechnung auf.

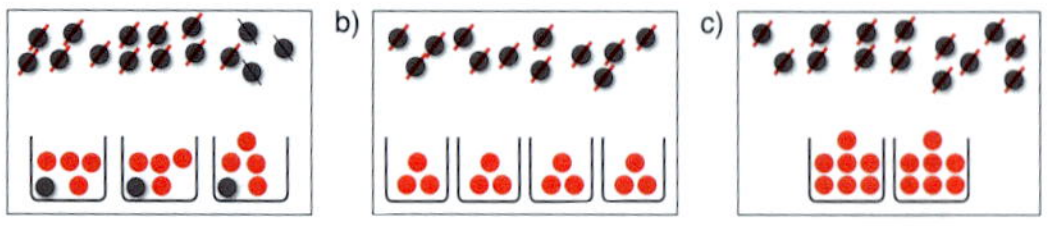

a) $15 : 3 = 5$ b) $12 : 4 = 3$ c) $14 : 2 = 7$

② Zeichne zu jeder Aufgabe wie bei ①.

a) $9 : 3 = 3$ b) $10 : 5 = 2$ c) $12 : 2 = 6$

③ Vorsicht! Jetzt bleibt ein Rest.

a) $11 : 2 = 5\,R\,1$ b) $10 : 4 = 2\,R\,2$ c) $11 : 3 = 3\,R\,2$

④ Verteile gerecht.

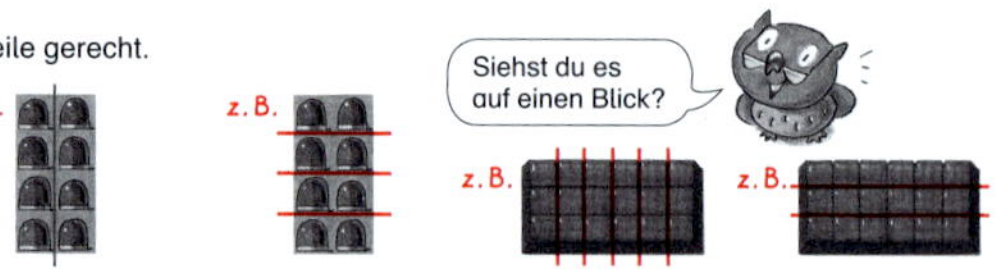

Siehst du es auf einen Blick?

z. B. in 2 Teile | z. B. in 4 Teile | z. B. in 6 Teile | z. B. in 3 Teile

$8 : 2 = 4$ $8 : 4 = 2$ $18 : 6 = 3$ $18 : 3 = 6$

66

Aufteilen

① Kreise immer gleich viele Dinge ein.

a) Hier bleibt kein Rest.

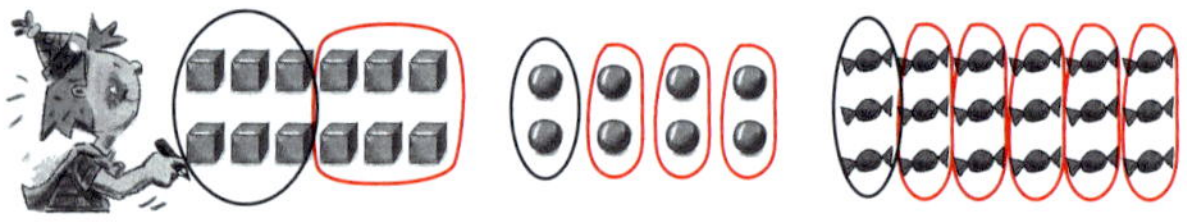

$12 : 6 = 2$ $8 : 2 = 4$ $18 : 3 = 6$

b) Vorsicht! Manchmal bleibt ein Rest.

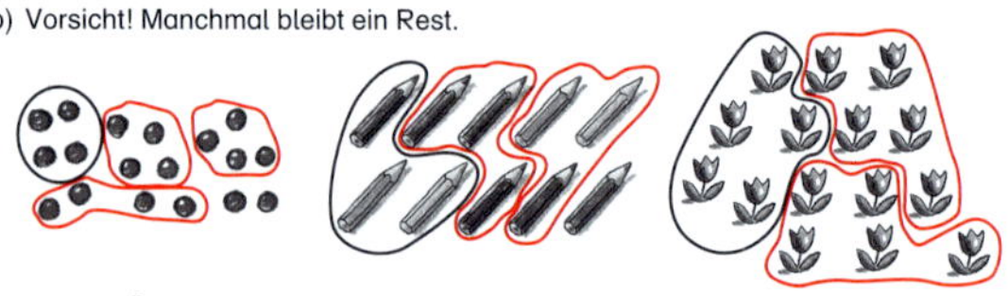

18 : 4 = 4 R 2   *10 : 3 = 3 R 1*   *15 : 5 = 3*

17 : 4 = 4 R 1   *10 : 2 = 5*   *12 : 3 = 4*

② Teile 12 Steine unterschiedlich auf. Schreibe die Rechnung dazu.

12 : 2 = 6   *12 : 3 = 4*   *12 : 4 = 3*

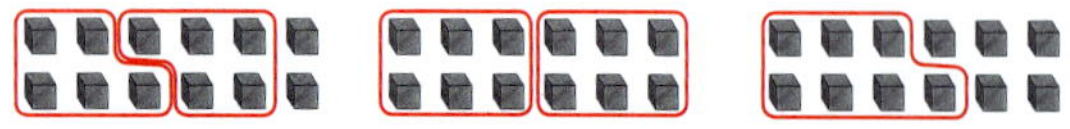

12 : 5 = 2 R 2   *12 : 6 = 2*   *12 : 7 = 1 R 5*

67

$8 \cdot 5 = 40$
$40 : 5 = 8$

Malnehmen und Teilen gehören zusammen

① Färbe Malaufgabe und Geteiltaufgabe, die zusammen gehören, gleich. Rechne.

$7 \cdot 2 = 14$ $45 : 5 = 9$

$3 \cdot 3 = 9$ $9 \cdot 9 = 81$ $9 : 3 = 3$ $10 : 2 = 5$

$4 \cdot 10 = 40$ $5 \cdot 2 = 10$ $81 : 9 = 9$ $40 : 10 = 4$

$9 \cdot 5 = 45$ $14 : 2 = 7$

② Rechne Aufgabe und Umkehraufgabe.

a)
$9 \cdot 5 = 45$ $7 \cdot 10 = 70$ $8 \cdot 8 = 64$ $2 \cdot 5 = 10$
$45 : 5 = 9$ $70 : 10 = 7$ $64 : 8 = 8$ $10 : 5 = 2$

b)
$15 : 5 = 3$ $36 : 6 = 6$ $12 : 2 = 6$ $80 : 10 = 8$
$3 \cdot 5 = 15$ $6 \cdot 6 = 36$ $6 \cdot 2 = 12$ $8 \cdot 10 = 80$

③ Rechne.

Denke an die Umkehraufgabe.

a) $16 : 2 = 8$ b) $4 : 2 = 2$ c) $90 : 10 = 9$ d) $80 : 8 = 10$
$40 : 8 = 5$ $12 : 6 = 2$ $25 : 5 = 5$ $16 : 4 = 4$
$30 : 5 = 6$ $35 : 7 = 5$ $20 : 4 = 5$ $6 : 3 = 2$
$9 : 3 = 3$ $15 : 5 = 3$ $50 : 5 = 10$ $18 : 2 = 9$

④ Schreibe zu den Ergebniskarten passende Malaufgaben. Schreibe die Umkehraufgaben daneben.

12	
$2 \cdot 6 = 12$	$12 : 6 = 2$
$3 \cdot 4 = 12$	$12 : 4 = 3$
$4 \cdot 3 = 12$	$12 : 3 = 4$
$6 \cdot 2 = 12$	$12 : 2 = 6$

18	
$2 \cdot 9 = 18$	$18 : 9 = 2$
$3 \cdot 6 = 18$	$18 : 6 = 3$
$6 \cdot 3 = 18$	$18 : 3 = 6$
$9 \cdot 2 = 18$	$18 : 2 = 9$

68

Zahlenzauber 2 – Lösungsheft © 2016 Cornelsen Schulverlage GmbH, Berlin. Alle Rechte vorbehalten.

Drei Zahlen – vier Aufgaben

① Drei Zahlen – vier Aufgaben

6 30

a)
| 5 | 7 | 35 |

$5 \cdot 7 = 35$
$7 \cdot 5 = 35$
$35 : 7 = 5$
$35 : 5 = 7$

b)
| 70 | 10 | 7 |

$10 \cdot 7 = 70$
$7 \cdot 10 = 70$
$70 : 7 = 10$
$70 : 10 = 7$

c)
| 2 | 16 | 8 |

$2 \cdot 8 = 16$
$8 \cdot 2 = 16$
$16 : 8 = 2$
$16 : 2 = 8$

Denke dir selbst drei Zahlen aus, schreibe sie in dein 📖 und rechne vier Aufgaben dazu.

② Eine Zahl fehlt. Schreibe alle vier Aufgaben auf.

a)
| 7 | 2 | 14 |

$7 \cdot 2 = 14$
$2 \cdot 7 = 14$
$14 : 2 = 7$
$14 : 7 = 2$

b)
| 90 | 9 | 10 |

$9 \cdot 10 = 90$
$10 \cdot 9 = 90$
$90 : 10 = 9$
$90 : 9 = 10$

c)
| 5 | 30 | 6 |

$5 \cdot 6 = 30$
$6 \cdot 5 = 30$
$30 : 6 = 5$
$30 : 5 = 6$

d)
| 9 | 45 | 5 |

$5 \cdot 9 = 45$
$9 \cdot 5 = 45$
$45 : 9 = 5$
$45 : 5 = 9$

e)
| 4 | 6 | 24 |

$4 \cdot 6 = 24$
$6 \cdot 4 = 24$
$24 : 6 = 4$
$24 : 4 = 6$

f)
| 80 | 8 | 10 |

$8 \cdot 10 = 80$
$10 \cdot 8 = 80$
$80 : 10 = 8$
$80 : 8 = 10$

③ Finde die passende Malaufgabe. Rechne beide Aufgaben.

a)
$40 : 8 = 5$
$5 \cdot 8 = 40$

$36 : 6 = 6$ z.B.
$6 \cdot 6 = 36$

$35 : 5 = 7$ z.B.
$7 \cdot 5 = 35$

$45 : 5 = 9$
$9 \cdot 5 = 45$

b)
$30 : 5 = 6$ z.B.
$6 \cdot 5 = 30$

$18 : 2 = 9$ z.B.
$9 \cdot 2 = 18$

$49 : 7 = 7$ z.B.
$7 \cdot 7 = 49$

$70 : 10 = 7$ z.B.
$7 \cdot 10 = 70$

69

Mach dir ein Bild vom Teilen

① Welche Rechnung gehört zum Bild, welche zum Text? Rechne und verbinde.

a) 20 Nüsse werden an 5 Kinder verteilt. Wie viele Nüsse erhält jedes Kind?

$20 : 4 = 5$

$20 : 5 = 4$

b) 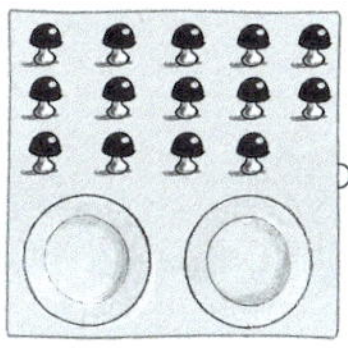 14 Kinder werden in Siebenergruppen aufgeteilt. Wie viele Gruppen sind es?

$14 : 2 = 7$

$14 : 7 = 2$

② Rechne im Kopf. Schreibe das Ergebnis auf.

a) 4 Nägel für 1 Bild
8 Nägel für 2 Bilder
40 Nägel für 10 Bilder

b) 5 € für 1 Becher
20 € für 4 Becher
25 € für 5 Becher

c) 6 Bauklötze für 1 Turm
12 Bauklötze für 2 Türme
36 Bauklötze für 6 Türme

d) 4 Rosen für 1 Strauß
16 Rosen für 4 Sträuße
40 Rosen für 10 Sträuße

③ a) Eine Spinne hat 8 Beine.
Wie viele Spinnen sind es, wenn du 40 Beine zählst?
5 Spinnen
⭐ Und wenn du 24 Beine zählst?
3 Spinnen

b) Eine Fliege hat 6 Beine.
Wie viele Fliegen sind es, wenn du 60 Beine zählst?
10 Fliegen
⭐ Und wenn du 24 Beine zählst?
4 Fliegen

70

Grundwissen ④

❶ Rechne. Denke an die verwandte Malaufgabe.

$4 \cdot 5 = 20$
$20 : 5 = 4$

a) $35 : 5 = 7$
$40 : 5 = 8$
$25 : 5 = 5$

b) $18 : 2 = 9$
$16 : 8 = 2$
$14 : 7 = 2$

c) $80 : 10 = 8$
$30 : 10 = 3$
$50 : 10 = 5$

❷ Suche Malaufgaben zu diesen Zahlen. Denke an die verwandte Malaufgabe.

18	40	64	12	20
z.B. $2 \cdot 9$	$5 \cdot 8$	$8 \cdot 8$	$3 \cdot 4$	$4 \cdot 5$
z.B. $3 \cdot 6$	$10 \cdot 4$	$2 \cdot 32$	$2 \cdot 6$	$2 \cdot 10$

❸ Drei Zahlen – vier Aufgaben: Wie heißt die dritte Karte?

| 7 | 5 | 35 |

z.B.
$7 \cdot 5 = 35$
$5 \cdot 7 = 35$
$35 : 5 = 7$
$35 : 7 = 5$

| 6 | 10 | 60 |

$6 \cdot 10 = 60$
$10 \cdot 6 = 60$
$60 : 10 = 6$
$60 : 6 = 10$

| 2 | 18 | 9 |

$2 \cdot 9 = 18$
$9 \cdot 2 = 18$
$18 : 9 = 2$
$18 : 2 = 9$

| 45 | 9 | 5 |

$5 \cdot 9 = 45$
$9 \cdot 5 = 45$
$45 : 9 = 5$
$45 : 5 = 9$

❹ Mal oder geteilt? Schreibe die Rechnung auf.

16 Kinder spielen Ball. Sie bilden vier Gruppen. Wie groß ist eine Gruppe?
$16 : 4 = 4$

Martin isst jeden Tag 2 Äpfel. Wie viele Äpfel isst er in einer Woche?
$7 \cdot 2 = 14$

Jedes der 3 Kinder bekommt 5 Bonbons. Wie viele Bonbons wurden verteilt?
z.B. $3 \cdot 5 = 15$

Kugel Eis 1 €
$4 \cdot 1 € = 4 €$

Im Topf sind 8 Würste. Mama legt auf jeden Teller 2. Wie viele Teller kann sie füllen?
$8 : 2 = 4$

Schokoküsse
z.B. $2 \cdot 3 = 6$

71

Bist du fit? ④

❶ Mit welchen Münzen und Scheinen kannst du diese Beträge legen?

3 Euro
2 € 1 €
1 € 1 € 50 ct 50 ct
1 € 50 ct 50 ct 50 ct 50 ct

12 Euro
10 € 2 €
5 € 2 € 2 € 2 € 1 €
5 € 5 € 1 € 50 ct 50 ct

❷ Berechne das Rückgeld.

Preis	gegeben	zurück
8 € 50 ct	10	1 € 50 ct
19 € 80 ct	20	20 ct
25 € 95 ct	50	24 € 5 ct
⭐ 45 € 10 ct	100	54 € 90 ct

Preis	gegeben	zurück
12 €	100	88 €
44 € 50 ct	50	5 € 50 ct
17 € 30 ct	50	32 € 70 ct
⭐ 16 € 70 ct	20	3 € 30 ct

❸ Teile gerecht. Bleibt ein Rest?

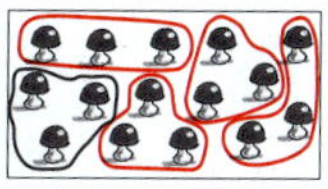

$15 : 3 = 5$
$16 : 5 = 3 R 1$ 
$18 : 4 = 4 R 2$ 

❹ Die Malaufgabe hilft. Verbinde und rechne.

$6 : 2 = 3$
$30 : 5 = 6$
$7 : 1 = 7$
$45 : 5 = 9$
$60 : 10 = 6$

$6 \cdot 5 = 30$
$7 \cdot 1 = 7$
$3 \cdot 2 = 6$
$6 \cdot 10 = 60$
$9 \cdot 5 = 45$

$100 : 10 = 10$
$49 : 7 = 7$
$4 : 2 = 2$
$25 : 5 = 5$
$9 : 3 = 3$

$7 \cdot 7 = 49$
$10 \cdot 10 = 100$
$3 \cdot 3 = 9$
$2 \cdot 2 = 4$
$5 \cdot 5 = 25$

72

Zahlenzauber 2 – Lösungsheft © 2016 Cornelsen Schulverlage GmbH, Berlin. Alle Rechte vorbehalten.

Würfelgebäude und Pläne

S|B S. 106/107

① Wie viele Würfel haben diese Treppen?

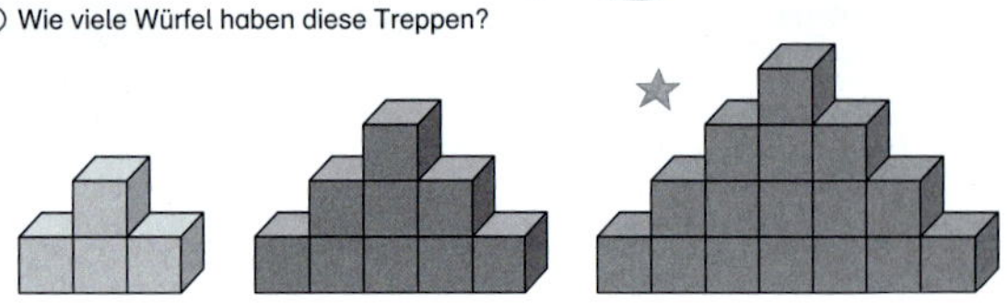

__4__ Würfel   __9__ Würfel   __16__ Würfel

⭐ Überlege: Wie sieht die nächste Treppe aus?

__25__ Würfel

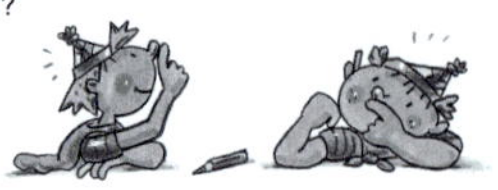

② Ergänze die Baupläne.

a)

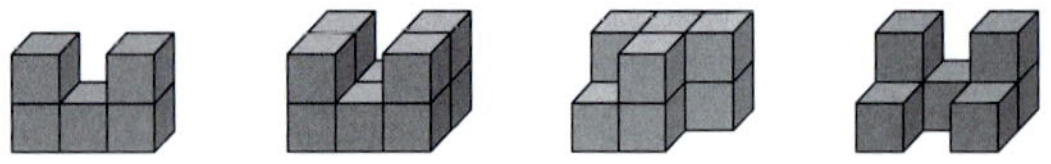

2	1	2
2	1	2

2	1	2
1	2	

2	2	2
1	1	

2	1	2
1		1

b)

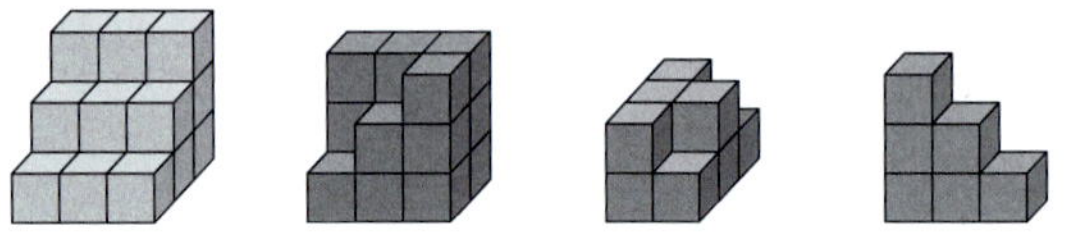

3	3	3
2	2	2
1	1	1

3	3	3
1	2	3

2	1	
2	2	
2	1	

3	2	1

73

Kinder, wie die Zeit vergeht!

S|B S. 108/109

① Löse die Rätsel.

a) Paul ist 45 Jahre jünger als Thomas. Thomas ist 52. Wie alt ist Paul?

R: __52 − 45 = 7__
A: __Paul ist 7 Jahre alt.__

b) Fred ist 12. Er ist doppelt so alt wie Anja und halb so alt wie Emma. Wie alt sind Anja und Emma?

R: __6 + 6 = 12   12 + 12 = 24__
A: __Anja ist 6 Jahre alt und Emma ist 24 Jahre alt.__

c) Hanna ist 4 Jahre älter als der 13-jährige Tim. Wie alt ist Hanna?

R: __13 + 4 = 17__
A: __Hanna ist 17 Jahre alt.__

⭐ ② Was ist hier los? Verändere die Fragen so, dass du rechnen kannst.

a) Leo hat 8 Sachbücher, 6 Tierbücher und 7 Krimis. Wie alt ist Leo?

F: __Wie viele Bücher hat Leo?__
R: __8 + 6 + 7 = 21__
A: __Leo hat 21 Bücher.__

b) Nico ist 5 Jahre älter als seine 3-jährige Schwester. Wie heißt die Schwester?

F: __Wie alt ist Nico?__
R: __3 + 5 = 8__
A: __Nico ist 8 Jahre alt.__

c) Die Zwillinge Susi und Anna sind zusammen 14 Jahre alt. Wie alt ist ihr Bruder?

F: __Wie alt sind die Zwillinge?__
R: __7 + 7 = 14__
A: __Beide sind 7 Jahre alt.__

74

Zeitpunkte und Zeitspannen

S|B S. 110/111

① Trage die Uhrzeiten ein. Zeichne die fehlenden Zeiger.

a) Um diese Zeit geht Franz ins Bett. __20.00__ Uhr
Er schläft 10 Stunden. Wann steht er auf? __6.00__ Uhr

b) Jetzt beginnt der Kinofilm. __15.00__ Uhr
Der Film dauert 2 Stunden. Wann ist er zu Ende? __17.00__ Uhr

c) Mateja macht eine Nachtwanderung. Sie startet um Mitternacht. __0/24__ Uhr
Sie wandert 60 Minuten. Wann ist sie zurück? __1.00__ Uhr

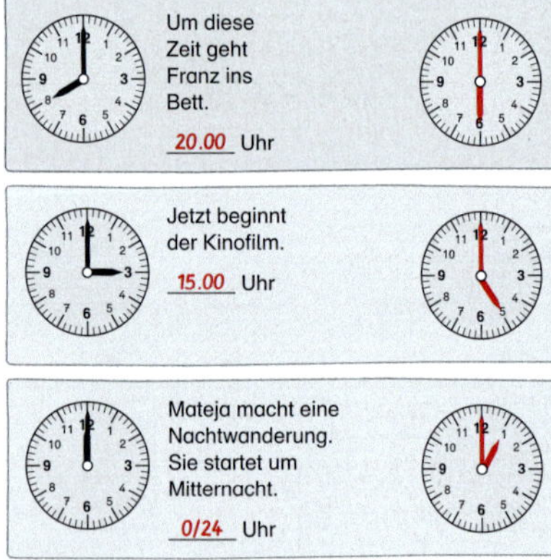

② Wie viele Minuten sind vergangen? Schreibe auf.

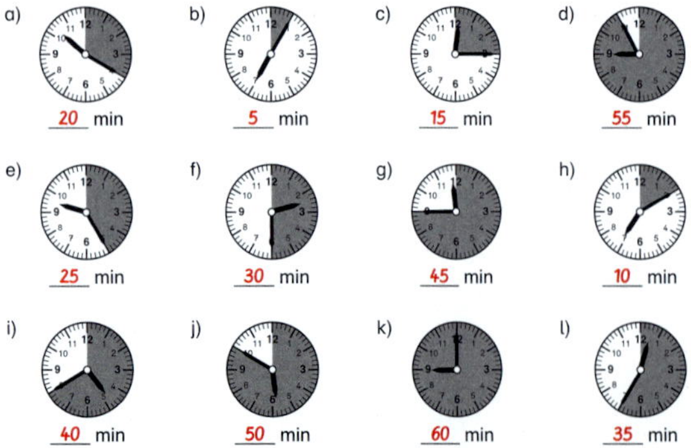

a) __20__ min   b) __5__ min   c) __15__ min   d) __55__ min

e) __25__ min   f) __30__ min   g) __45__ min   h) __10__ min

i) __40__ min   j) __50__ min   k) __60__ min   l) __35__ min

75

Der Uhr auf der Spur ①

S|B S. 112/113

① Verbinde die Uhren mit den passenden Sprechblasen.

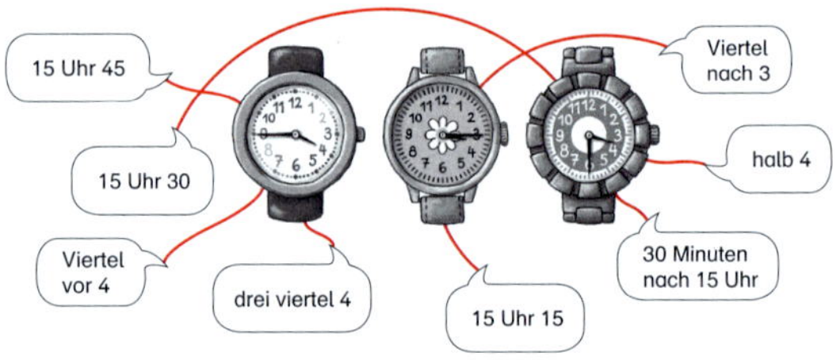

15 Uhr 45
15 Uhr 30
Viertel vor 4
drei viertel 4
15 Uhr 15
Viertel nach 3
halb 4
30 Minuten nach 15 Uhr

② Schreibe immer die Uhrzeit und eine Sprechweise auf.

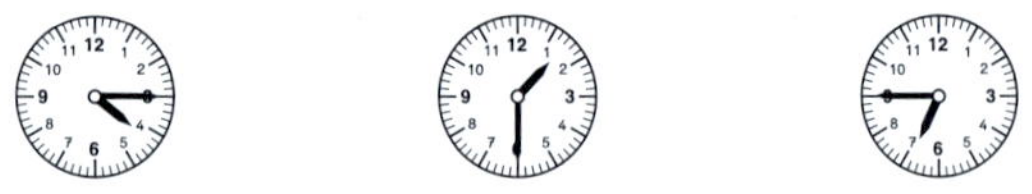

__16__ . __15__ Uhr
oder 4.15 Uhr
Es ist __Viertel__
__nach 4.__

__13__ . __30__ Uhr
oder 1.30 Uhr
Es ist __halb 2.__

__18__ . __45__ Uhr
oder 6.45 Uhr
Es ist
__dreiviertel 7.__

③ Schreibe immer beide Uhrzeiten auf.

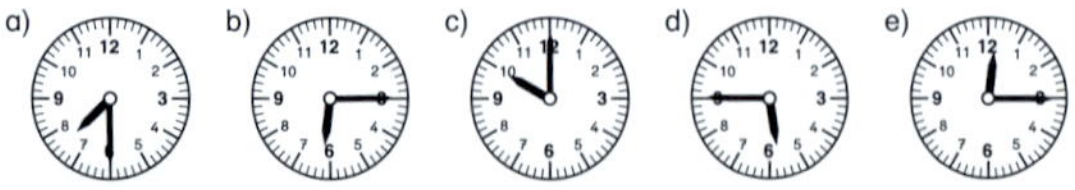

a) __7.30__ Uhr / __19.30__ Uhr
b) __6.15__ Uhr / __18.15__ Uhr
c) __10.00__ Uhr / __22.00__ Uhr
d) __17.45__ Uhr / __5.45__ Uhr
e) __12.15__ Uhr / __0.15__ Uhr

76

Zahlenzauber 2 – Lösungsheft © 2016 Cornelsen Schulverlage GmbH, Berlin. Alle Rechte vorbehalten.

Der Uhr auf der Spur ②

SB S. 112/113

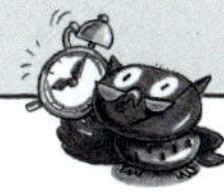

① Schreibe die Uhrzeiten auf.

a)

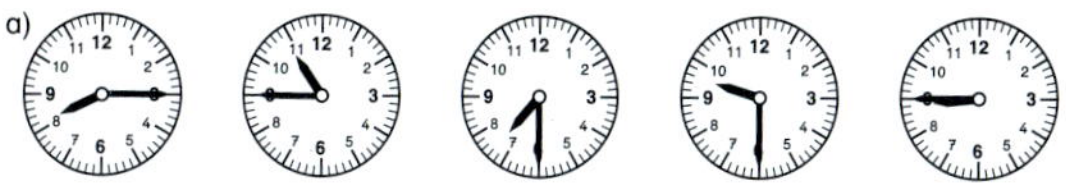

☀ 8.15 Uhr	☀ 10.45 Uhr	☀ 7.30 Uhr	☀ 9.30 Uhr	☀ 8.45 Uhr
☾ 20.15 Uhr	☾ 22.45 Uhr	☾ 19.30 Uhr	☾ 21.30 Uhr	☾ 20.45 Uhr

b)

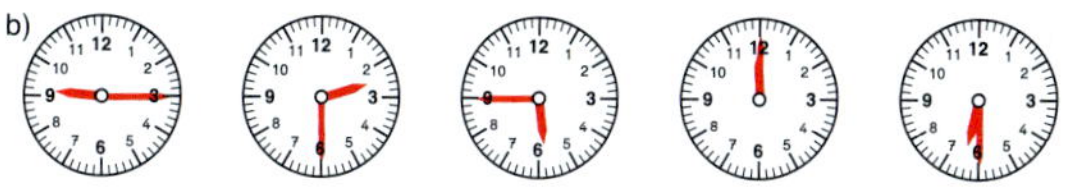

09:15	14:30	17:45	00:00	06:30

② So lange haben Kinder am Computer gespielt:
Wie viele Minuten sind vergangen? Schreibe auf.

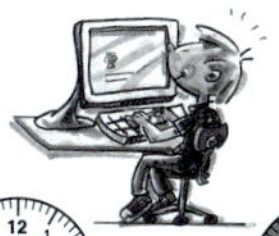

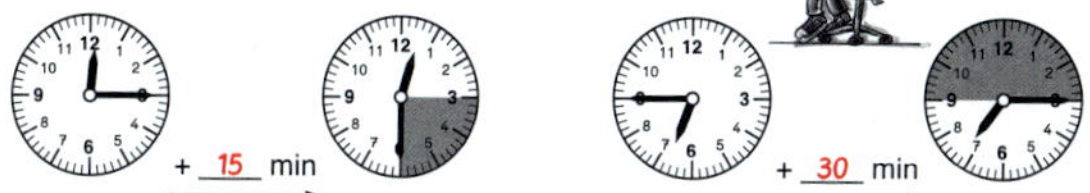

12.15 Uhr + 15 min → 12.30 Uhr

z. B. 18.45 Uhr + 30 min → z. B. 19.15 Uhr

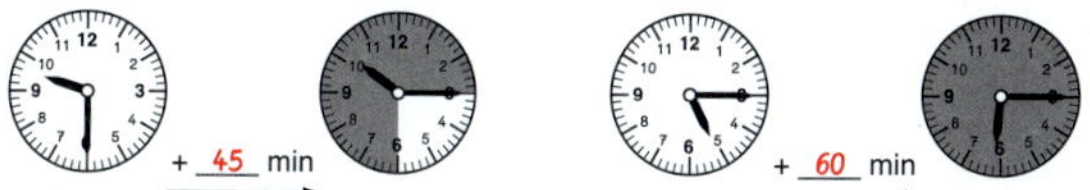

9.30 Uhr + 45 min → 10.15 Uhr

17.15 Uhr + 60 min → 18.15 Uhr

Wie lange spielst du am Computer? Sprecht in eurer Klasse darüber.

Zahlenzauber 2 – Arbeitsheft © 2016 Cornelsen Schulverlage GmbH, Berlin. Alle Rechte vorbehalten.

Rechengitter

SB S. 116/117

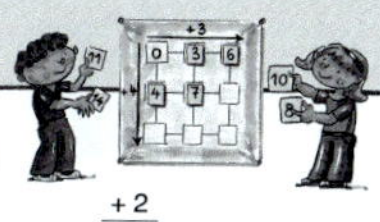

① Trage die fehlenden Zahlen ein.

+5 / +2			
	0	2	4
+5	5	7	9
	10	12	14

+8 / +2			
	0	2	4
+8	8	10	12
	16	18	20

+4 / +6			
	0	6	12
+4	4	10	16
	8	14	20

+6 / +5			
	0	5	10
+6	6	11	16
	12	17	22

+5 / +10			
	0	10	20
+5	5	15	25
	10	20	30

+15 / +25			
	0	25	50
+15	15	40	65
	30	55	80

② Die Zielzahl ist 60. Wie viele Lösungen findest du?

+20 / +10			
	0	10	20
+20	20	30	40
	40	50	60

z. B. +0 / +30			
	0	30	60
+0	0	30	60
	0	30	60

z. B. +1 / +29			
	0	29	58
+1	1	30	59
	2	31	60

z. B. +25 / +5			
	0	5	10
+25	25	30	35
	50	55	60

z. B. +2 / +28			
	0	28	56
+2	2	30	58
	4	32	60

z. B. +3 / +27			
	0	27	54
+3	3	30	57
	6	33	60

Zahlenzauber 2 – Arbeitsheft © 2016 Cornelsen Schulverlage GmbH, Berlin. Alle Rechte vorbehalten.

Rechenwege und Rechentricks ⊕

SB S. 118

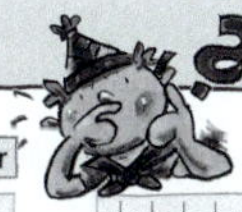

① Probiere aus: Zehner plus Zehner, Einer plus Einer

47 + 24 = 71	29 + 36 = 65	15 + 76 = 91
40 + 20 = 60	20 + 30 = 50	10 + 70 = 80
7 + 4 = 11	9 + 6 = 15	5 + 6 = 11

② Wähle aus: erst plus Z, dann plus E | erst plus E, dann plus Z

76 + 17 = 93	44 + 48 = 92	23 + 34 = 57

③ Probiere aus: Rechentrick: nahe beim vollen Zehner

29 + 44 = 73	49 + 36 = 85	z. B. 28 + 39 = 67
30 + 44 = 74	50 + 36 = 86	28 + 40 = 68
74 − 1 = 73	86 − 1 = 85	68 − 1 = 67

④ Rechne auf deinem Weg.

a) 67 + 26 = 93 b) 83 + 14 = 97 c) 25 + 68 = 93

56 + 36 = 92 75 + 18 = 93 46 + 38 = 84

16 + 65 = 81 28 + 43 = 71 ★ 34 + 76 = 110

Zahlenzauber 2 – Arbeitsheft © 2016 Cornelsen Schulverlage GmbH, Berlin. Alle Rechte vorbehalten.

Rechenwege und Rechentricks ⊖

SB S. 119

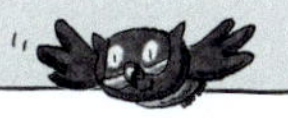

① Probiere aus: Ergänzen: ⊕ statt ⊖

74 − 66 = 8	33 − 28 = 5	81 − 75 = 6
66 + 8 = 74	28 + 5 = 33	75 + 6 = 81

② Wähle aus: erst minus Z, dann minus E | erst minus E, dann minus Z

45 − 18 = 27	76 − 25 = 51	83 − 57 = 26

③ Probiere aus: Rechentrick: nahe beim vollen Zehner

64 − 49 = 15	43 − 29 = 14	54 − 38 = 16
64 − 50 = 14	43 − 30 = 13	54 − 40 = 14
14 + 1 = 15	13 + 1 = 14	14 + 2 = 16

④ Rechne auf deinem Weg.

a) 66 − 27 = 39 b) 83 − 14 = 69 c) 68 − 25 = 43

76 − 34 = 42 75 − 18 = 57 46 − 38 = 8

65 − 16 = 49 43 − 28 = 15 56 − 36 = 20

Zahlenzauber 2 – Arbeitsheft © 2016 Cornelsen Schulverlage GmbH, Berlin. Alle Rechte vorbehalten.

Zahlenzauber 2 – Lösungsheft © 2016 Cornelsen Schulverlage GmbH, Berlin. Alle Rechte vorbehalten.

Rechendreiecke

① Ergänze die Rechendreiecke.

Dreieck 1: 41 | 27 | 40 / 14 | 13 → 27
Dreieck 2: 70 | 45 | 61 / 25 | 16 → 41
Dreieck 3: 93 | 51 | 89 / 42 | 38 → 80
Dreieck 4: 48 | 13 | 77 / 35 | 64 → 99

🖊 Male Rechendreiecke in dein 📖 und ergänze sie.

② Ergänze die Rechendreiecke.

35 | 22 | 49 / 13 | 27 → 40
41 | 3 | 45 / 38 | 42 → 80
64 | 30 | 55 / 34 | 25 → 59
30 | 14 | 19 / 16 | 3 → 21

90 | 33 | 43 / 57 | 10 → 67
98 | 53 | 83 / 45 | 30 → 75
88 | 85 | 92 / 3 | 7 → 10
72 | 69 | 71 / 3 | 2 → 5

③ Erfinde Rechendreiecke, deren Innenzahlen zusammen 50 ergeben.

z. B.
40 | 20 | 30 / 20 | 10 → 30
40 | 18 | 28 / 22 | 10 → 32

z. B.
20 | 5 | 35 / 15 | 30 → 45
40 | 24 | 34 / 16 | 10 → 26

⭐ ④ Knobeldreiecke

45 | 30 | 35 / 15 | 5 → 20
50 | 30 | 30 / 20 | 0 → 20
20 | 10 | 15 / 10 | 5 → 15
74 | 24 | 34 / 50 | 10 → 60

81

Grundwissen ⑤

❶ Wie heißen die Zahlen?

Z	E			Z	E			Z	E	
		5 Z + 2 E = 52				6 Z + 8 E = 68				7 Z + 0 E = 70

❷ $<$, $>$ oder $=$?

78 $<$ 87   64 $>$ 46   53 $>$ 35   30 + 21 $>$ 50

4E 3Z $<$ 43   60 $<$ 9Z   5Z 1E $=$ 51   7Z 1E $<$ 80

❸ Rechne.

a) 22 + 3 = 25 b) 48 − 6 = 42 c) 19 + 6 = 25 d) 32 − 7 = 25
46 + 4 = 50 27 − 3 = 24 88 + 5 = 93 53 − 6 = 47
31 + 7 = 38 85 − 5 = 80 63 + 8 = 71 72 − 4 = 68

❹ Rechne.

a) 23 + 14 = 37 b) 88 − 33 = 55 c) 46 + 27 = 73 d) 81 − 25 = 56
34 + 25 = 59 27 − 15 = 12 58 + 36 = 94 64 − 37 = 27
73 + 16 = 89 78 − 42 = 36 32 − 14 = 18 71 − 25 = 46

❺ Drei Zahlen – vier Aufgaben

8, 5, 40	5, 7, 35	2, 9, 18	9, 5, 45
z.B. $8 \cdot 5 = 40$	$5 \cdot 7 = 35$	$2 \cdot 9 = 18$	$9 \cdot 5 = 45$
$5 \cdot 8 = 40$	$7 \cdot 5 = 35$	$9 \cdot 2 = 18$	$5 \cdot 9 = 45$
$40 : 5 = 8$	$35 : 7 = 5$	$18 : 9 = 2$	$45 : 5 = 9$
$40 : 8 = 5$	$35 : 5 = 7$	$18 : 2 = 9$	$45 : 9 = 5$

82

Bist du fit? ⑤

❶ Aus wie vielen Würfeln bestehen diese Würfelgebäude?

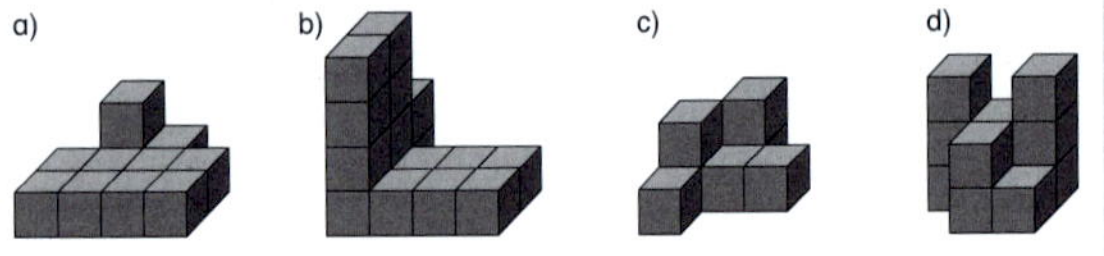

a)   b)   c)   d)

11 Würfel 16 Würfel 7 oder 8 Würfel 11 Würfel

❷ Wie viele Minuten sind vergangen?

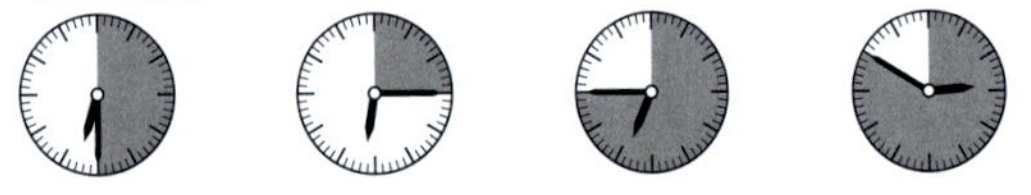

30 min 15 min 45 min 50 min

❸ Denke an den [Rechentrick: nahe beim vollen Zehner].

40 + 54 ist leichter

a) 39 + 54 = 93 b) 81 − 49 = 32 c) 27 + 49 = 76
75 + 19 = 94 55 − 28 = 27 92 − 38 = 54
64 + 28 = 92 34 − 19 = 15 78 + 14 = 92

❹ Bunte Beutel

a) Packe immer zwei Steine in einen Beutel. Zeichne alle Möglichkeiten.
A: Es gibt 3 Möglichkeiten. 

b) Packe immer drei Steine in einen Beutel. Zeichne alle Möglichkeiten. 
A: Es gibt 4 Möglichkeiten.

c) Packe immer vier Steine in einen Beutel. Zeichne alle Möglichkeiten. 
A: Es gibt 5 Möglichkeiten.

d) Was fällt dir auf? Wie geht es weiter? *Es gibt immer eine Möglichkeit mehr als Steine.*

83

Für Zahlenzauberer und Rechenkünstler

❶ Male die Sterne in den passenden Farben an.

③ 10 · 10   ③ 35 + 65   ② 68 − 38   ② 13 + 17   ② 5 · 6   ④ 4 · 10
④ 5 · 8   ① 105 − 50   ① 39 + 16   ① 80 : 2   ③ 49 + 51   ① 11 · 5

Beutel: 55 ①   30 ②   100 ③   40 ④

❷ Wie kommen Simsala und Bim zu Eulalia?
Löse die Rechnung auf dem 1. Stein. Das Ergebnis zeigt dir den Weg.
Verbinde mit Pfeilen.

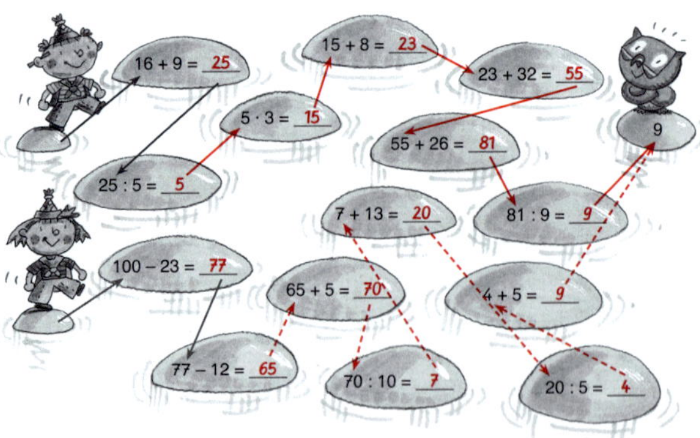

16 + 9 = 25 15 + 8 = 23 23 + 32 = 55
5 · 3 = 15 55 + 26 = 81 9
25 : 5 = 5 7 + 13 = 20 81 : 9 = 9
100 − 23 = 77 65 + 5 = 70 4 + 5 = 9
77 − 12 = 65 70 : 10 = 7 20 : 5 = 4

⭐ ❸ Geheimschrift!

🌳 · 🌳 = 16   🌷 : ⭐ = 🌳   ⚽ − 🌳 = 🌳
🌷 − 🌳 = 🌳   ⭐ + 🌷 = ⚽   ⚡ : ⭐ = 👝

8 2 4   8 2 4   10 4 6
8 4 4   2 8 10   6 2 4

84

Zahlenzauber 2 – Arbeitsheft © 2016 Cornelsen Schulverlage GmbH, Berlin. Alle Rechte vorbehalten.

Inhaltsverzeichnis

1 Es sind immer 20 Plättchen.
Ergänze das Zwanzigerfeld und schreibe die Rechnung auf.

a)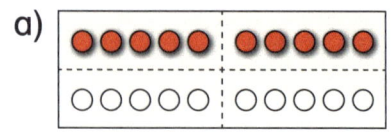

10 + _____ = 20

b)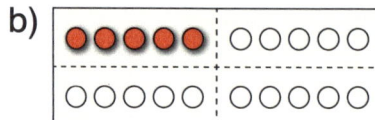

5 + _____

c)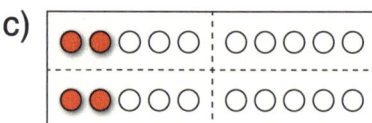

4 + _____

d)

e)

f)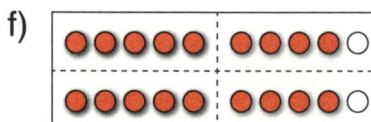

_____   _____   _____

2 Zerlege.

11

10 + 1

5 + ___

6 + ___

9 + ___

2 + ___

13

10 + ___

9 + ___

5 + ___

1 + ___

2 + ___

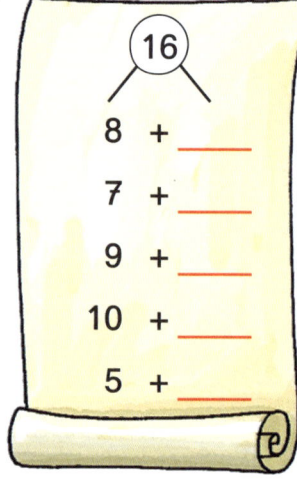

16

8 + ___

7 + ___

9 + ___

10 + ___

5 + ___

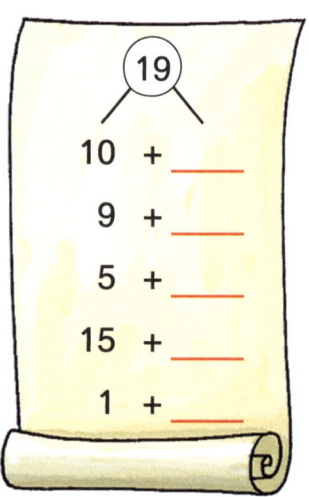

19

10 + ___

9 + ___

5 + ___

15 + ___

1 + ___

3 Zahlenfolgen

a)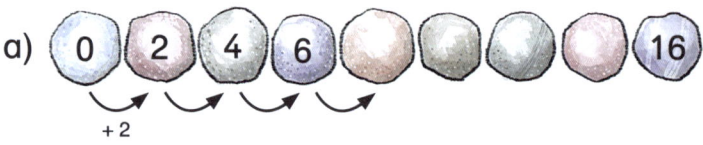
0 2 4 6 ___ ___ ___ ___ 16
+ 2

b)
16 15 14 13 ___ ___ ___ ___ 8
− 1

c)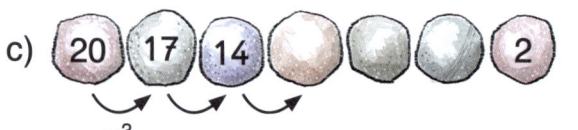
20 17 14 ___ ___ ___ 2
− 3

d)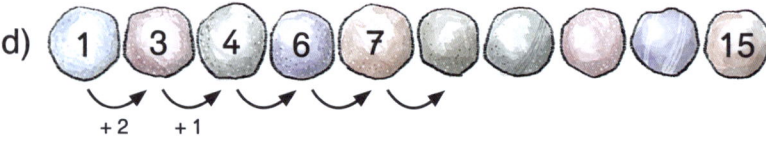
1 3 4 6 7 ___ ___ ___ 15
+ 2 + 1

⭐ e)
10 8 11 9 ___ ___ ___ 11
− 2 + 3

📘 Schreibe weitere Zahlenfolgen in dein 📖.

4

Zahlenzauber 2 – Arbeitsheft © 2016 Cornelsen Schulverlage GmbH, Berlin. Alle Rechte vorbehalten.

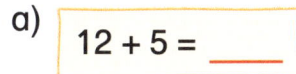

① Verbinde verwandte Aufgaben. Rechne.

a)

| 12 + 5 = ___ | 13 + 4 = ___ | 16 + 3 = ___ | 11 + 6 = ___ |

| 6 + 3 = ___ | 1 + 6 = ___ | 2 + 5 = ___ | 3 + 4 = ___ |

b)

| 16 − 3 = ___ | 19 − 5 = ___ | 18 − 6 = ___ | 15 − 4 = ___ |

| 8 − 6 = ___ | 9 − 5 = ___ | 5 − 4 = ___ | 6 − 3 = ___ |

② Finde die verwandte Aufgabe. Rechne.

a)

| 15 − 2 = ___ | 18 − 7 = ___ | 19 − 8 = ___ | 14 − 3 = ___ |

5 − *2* = ___   ___ − ___ = ___   ___ − ___ = ___   ___ − ___ = ___

b)

| 16 + 3 = ___ | 14 + 3 = ___ | 15 + 0 = ___ | 17 + 1 = ___ |

6 + ___ = ___   ___ + ___ = ___   ___ + ___ = ___   ___ + ___ = ___

③ Schreibe die passende Umkehraufgabe auf.   11 + 4 = 15   15 − 4 = 11

a)

| 15 + 3 = *18* | 12 + 5 = ___ | 13 + 6 = ___ |
| *18* ⊝ 3 = ___ | ___ ◯ ___ = ___ | ___ ◯ ___ = ___ |

b)

| 18 − 2 = ___ | 17 − 4 = ___ | 14 − 3 = ___ |
| ___ ⊕ ___ = ___ | ___ ◯ ___ = ___ | ___ ◯ ___ = ___ |

c)

| 19 − 6 = ___ | 11 + 6 = ___ | 18 − 5 = ___ |
| ___ ◯ ___ = ___ | ___ ◯ ___ = ___ | ___ ◯ ___ = ___ |

Zahlenzauber 2 – Arbeitsheft © 2016 Cornelsen Schulverlage GmbH, Berlin. Alle Rechte vorbehalten.

① Drei Zahlen – vier Aufgaben: Rechne.

a)

$5 + 12 =$ _____

_____

_____

_____

b)

_____

_____

_____

_____

c)

_____

_____

_____

_____

② Wähle eine passende dritte Zahl. Rechne.

a)

_____

_____

_____

_____

b)

_____

_____

_____

_____

c)

_____

_____

_____

_____

③ Rechne und setze die Päckchen fort.

a)
$8 + 2 =$ ____

$10 + 2 =$ ____

$12 + 2 =$ ____

_____

_____

_____

b)
$18 - 0 =$ ____

$18 - 2 =$ ____

$18 - 4 =$ ____

_____

_____

_____

c)
$16 - 5 =$ ____

$15 - 4 =$ ____

$14 - 3 =$ ____

_____

_____

_____

④ Rechne. Welche Aufgabe passt nicht ins Päckchen? Kreuze sie an .

a)
$20 - 2 =$ ____ ☐

$20 - 4 =$ ____ ☐

$20 - 6 =$ ____ ☐

$20 - 7 =$ ____ ☐

$20 - 10 =$ ____ ☐

b)
$15 + 5 =$ ____ ☐

$14 + 4 =$ ____ ☐

$13 + 3 =$ ____ ☐

$12 + 2 =$ ____ ☐

$11 + 0 =$ ____ ☐

c)
$20 + 0 =$ ____ ☐

$19 + 1 =$ ____ ☐

$18 + 3 =$ ____ ☐

$17 + 3 =$ ____ ☐

$16 + 4 =$ ____ ☐

Überlege, warum die Aufgabe nicht passt.

Zahlenzauber 2 – Arbeitsheft © 2016 Cornelsen Schulverlage GmbH, Berlin. Alle Rechte vorbehalten.

① Rechenwege

Ich rechne geschickt, dann geht es schneller.

a) Verdoppeln / Nachbaraufgaben

8 + 7 = _____	6 + 5 = _____	6 + 7 = _____	8 + 9 = _____
8 + 8 = _____	_____	_____	_____

b) Tauschaufgabe

3 + 8 = _____	4 + 7 = _____	5 + 8 = _____	3 + 9 = _____
8 + 3 = _____	_____	_____	_____

c) Nahe an der 10

4 + 9 = _____	4 + 8 = _____	6 + 9 = _____
4 + 10 − 1 = _____	_____	_____

d) Zwischenstopp bei 10

8 + 6 = _____   7 + 5 = _____   6 + 7 = _____   5 + 8 = _____

+2   +4

8   10   14

5 + 7 = _____   7 + 8 = _____   7 + 4 = _____   8 + 4 = _____

e)

8 + 7 = _____	6 + 9 = _____	5 + 9 = _____	8 + 4 = _____
2 5	_ _	_ _	_ _

7 + 6 = _____	8 + 3 = _____	6 + 8 = _____	5 + 8 = _____
_ _	_ _	_ _	_ _

② **Rechne auf deinem Weg im Kopf.**

a) 3 + 9 = _____   b) 5 + 6 = _____   c) 6 + 8 = _____   d) 6 + 9 = _____

8 + 4 = _____   9 + 4 = _____   8 + 3 = _____   5 + 8 = _____

9 + 5 = _____   4 + 8 = _____   2 + 9 = _____   7 + 6 = _____

Zahlenzauber 2 – Arbeitsheft © 2016 Cornelsen Schulverlage GmbH, Berlin. Alle Rechte vorbehalten.

1 Rechenwege

Auch bei minus kann man geschickt rechnen.

a) Die Hälfte

$12 - 6 = $ ___ $10 - 5 = $ ___ $20 - 10 = $ ___ $14 - 7 = $ ___

$18 - 9 = $ ___ $16 - 8 = $ ___ $8 - 4 = $ ___ $22 - 11 = $ ___

b) Nahe an der 10

$14 - 9 = $ ___
$14 - 10 + 1 = $ ___

$13 - 9 = $ ___
_____

$17 - 9 = $ ___
_____

$15 - 9 = $ ___
_____

$18 - 9 = $ ___
_____

$12 - 9 = $ ___
_____

c) Zwischenstopp bei 10

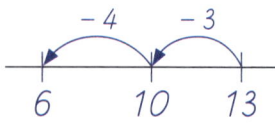

$13 - 7 = $ 6
_____
6 10 13

$13 - 5 = $ ___
_____

$14 - 5 = $ ___
_____

$11 - 4 = $ ___
_____

$12 - 5 = $ ___
_____

$15 - 8 = $ ___
_____

$11 - 6 = $ ___
_____

$16 - 7 = $ ___
_____

d)

$14 - 6 = $ ___
/ \
4   2

$12 - 7 = $ ___
/ \
_ _

$15 - 7 = $ ___
/ \
_ _

$12 - 8 = $ ___
/ \
_ _

$17 - 8 = $ ___
/ \
_ _

$11 - 6 = $ ___
/ \
_ _

$15 - 6 = $ ___
/ \
_ _

$12 - 5 = $ ___
/ \
_ _

2 Rechne auf deinem Weg im Kopf.

a) $12 - 9 = $ ___
$13 - 6 = $ ___
$10 - 5 = $ ___

b) $11 - 6 = $ ___
$17 - 9 = $ ___
$12 - 8 = $ ___

c) $13 - 8 = $ ___
$11 - 3 = $ ___
$15 - 9 = $ ___

d) $18 - 9 = $ ___
$11 - 8 = $ ___
$12 - 6 = $ ___

Zahlenzauber 2 – Arbeitsheft © 2016 Cornelsen Schulverlage GmbH, Berlin. Alle Rechte vorbehalten.

+	0	1	2	3	4	5	6	7	8	9	10
0	0 + 0	0 + 1	0 + 2	0 + 3	0 + 4	0 + 5	0 + 6	0 + 7	0 + 8	0 + 9	0 + 10
1	1 + 0	1 + 1	1 + 2	1 + 3	1 + 4	1 + 5	1 + 6	1 + 7	1 + 8	1 + 9	1 + 10
2	2 + 0	2 + 1	2 + 2	2 + 3	2 + 4	2 + 5	2 + 6	2 + 7	2 + 8	2 + 9	2 + 10
3	3 + 0	3 + 1	3 + 2	3 + 3	3 + 4	3 + 5	3 + 6	3 + 7	3 + 8	3 + 9	3 + 10
4	4 + 0	4 + 1	4 + 2	4 + 3	4 + 4	4 + 5	4 + 6	4 + 7	4 + 8	4 + 9	4 + 10
5	5 + 0	5 + 1	5 + 2	5 + 3	5 + 4	5 + 5	5 + 6	5 + 7	5 + 8	5 + 9	5 + 10
6	6 + 0	6 + 1	6 + 2	6 + 3	6 + 4	6 + 5	6 + 6	6 + 7	6 + 8	6 + 9	6 + 10
7	7 + 0	7 + 1	7 + 2	7 + 3	7 + 4	7 + 5	7 + 6	7 + 7	7 + 8	7 + 9	7 + 10
8	8 + 0	8 + 1	8 + 2	8 + 3	8 + 4	8 + 5	8 + 6	8 + 7	8 + 8	8 + 9	8 + 10
9	9 + 0	9 + 1	9 + 2	9 + 3	9 + 4	9 + 5	9 + 6	9 + 7	9 + 8	9 + 9	9 + 10
10	10 + 0	10 + 1	10 + 2	10 + 3	10 + 4	10 + 5	10 + 6	10 + 7	10 + 8	10 + 9	10 + 10

① Färbe …

a) … alle Verdopplungsaufgaben rot.

b) … alle Aufgaben mit Ergebnis 10 grün.

c) … alle ⑤+ oder +⑤ Aufgaben gelb.

② Rechne die Aufgaben aus Aufgabe ① schnell im Kopf.

③ Rechne. Suche die Aufgaben in der ①+① Tabelle.

a) 10 + 3 = _____   b) 10 + 1 = _____   c) 13 = 10 + _____   d) 16 = 10 + _____

   10 + 5 = _____   10 + 9 = _____   15 = 10 + _____   18 = 10 + _____

   10 + 4 = _____   10 + 0 = _____   14 = 10 + _____   17 = 10 + _____

④ Rechne die Nachbaraufgaben. Was fällt dir auf?

3 + 4 = _____	__ + __ = _____	__ + __ = _____	__ + __ = _____
4 + 4 = _____	8 + 8 = _____	6 + 6 = _____	7 + 7 = _____
5 + 4 = _____	__ + __ = _____	__ + __ = _____	__ + __ = _____

Zahlenzauber 2 – Arbeitsheft © 2016 Cornelsen Schulverlage GmbH, Berlin. Alle Rechte vorbehalten.

9

① Das machen die Kinder der Klasse 2a am liebsten:

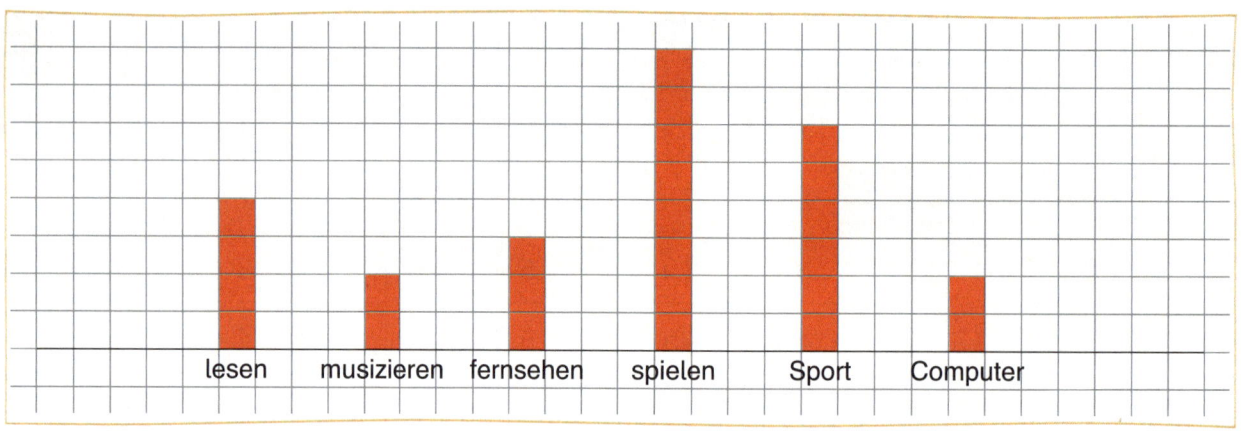

Lies das Schaubild. 1 ▮ bedeutet 1 Kind.

Wie viele Kinder sind es jeweils, die am liebsten …?

… lesen __4__   … musizieren ____   … fernsehen ____

… spielen ____   … Sport treiben ____   … am Computer sitzen ____

② Bei Sport und Spiel fragten die Kinder genauer nach.
Zeichne die Ergebnisse in das Schaubild ein.

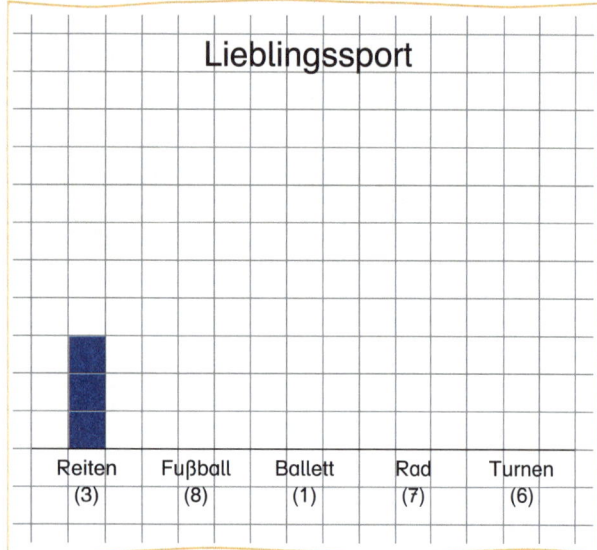

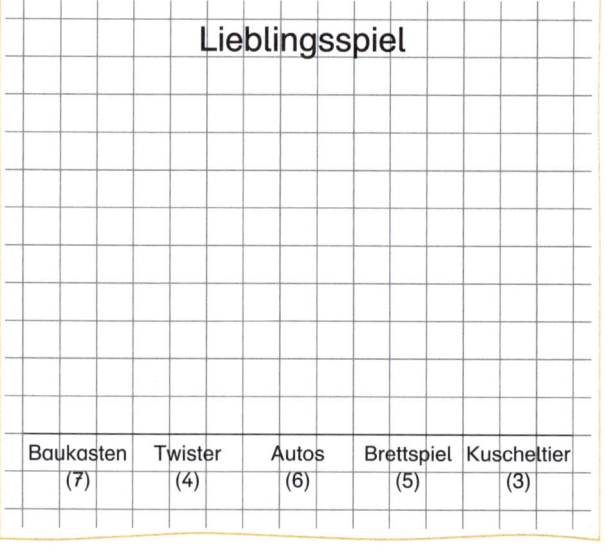

③ Ergänze die Aussagen richtig.

Die liebste Freizeitbeschäftigung der Klasse 2a ist _____.

Der Lieblingssport ist _____.

Das Lieblingsspiel ist _____.

④ Wie viele Kinder sind in der Klasse 2a? In der Klasse 2a sind ____ Kinder.

Zahlenzauber 2 – Arbeitsheft © 2016 Cornelsen Schulverlage GmbH, Berlin. Alle Rechte vorbehalten.

Gerade und ungerade Zahlen

1 Färbe alle geraden Zahlen blau und alle ungeraden Zahlen rot.

Was fällt dir auf?

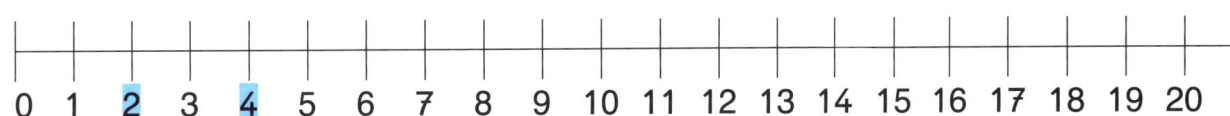

0 1 **2** 3 **4** 5 6 7 8 9 10 11 12 13 14 15 16 17 18 19 20

Bei geraden Zahlen steht an der Einerstelle _____.

Bei ungeraden Zahlen steht an der Einerstelle _____.

2 Rechne. Färbe gerade Zahlen blau, ungerade Zahlen rot.
Färbe auch das Ergebnis.

a) 12 + 6 = ____
   6 + 8 = ____
   16 + 4 = ____
   2 + 14 = ____

b) 10 + 7 = ____
   8 + 5 = ____
   4 + 9 = ____
   16 + 3 = ____

c) 9 + 8 = ____
   13 + 2 = ____
   7 + 8 = ____
   15 + 4 = ____

d) 17 + 3 = ____
   3 + 9 = ____
   5 + 7 = ____
   11 + 5 = ____

Finde die Regeln für die Zahlen:

gerade (+) gerade = _____

ungerade (+) ungerade = _____

gerade (+) ungerade = _____

ungerade (+) gerade = _____

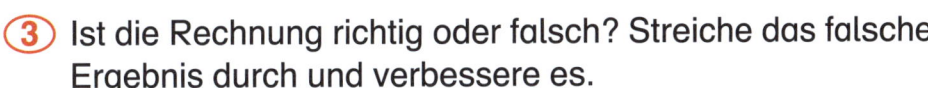 Finde selbst Aufgaben mit geraden und ungeraden Zahlen.
Schreibe sie in dein 📖.

3 Ist die Rechnung richtig oder falsch? Streiche das falsche Ergebnis durch und verbessere es.

a)
gerade (+) gerade

8 + 6 = 14 ✓
4 + 6 = ~~11~~ *10*
12 + 8 = 20 ____
12 + 6 = 17 ____
16 + 2 = 18 ____
14 + 4 = 19 ____

b)
ungerade (+) ungerade

7 + 5 = 12 ____
9 + 3 = 11 ____
13 + 3 = 16 ____
3 + 17 = 20 ____
11 + 7 = 19 ____
9 + 9 = 17 ____

c)
ungerade (+) gerade

5 + 8 = 14 ____
3 + 12 = 15 ____
7 + 6 = 13 ____
17 + 2 = 18 ____
9 + 8 = 18 ____
15 + 4 = 19 ____

Zahlenzauber 2 – Arbeitsheft © 2016 Cornelsen Schulverlage GmbH, Berlin. Alle Rechte vorbehalten.

11

Unsere Klasse 2a

1 Was stimmt? Streiche das falsche Wort durch.

Das Buch liegt `auf` / `unter` dem Pult.

Das Hunderterfeld hängt `über` / `neben` dem Regal.

Der Papierkorb steht `rechts von` / `links von` der Tafel.

Die Bücher stehen `oben` / `unten` im Schrank.

2 Was passt? Setze das richtige Wort ein:

`vor` `hinter` `rechts von` `links von` `über` `unter` `auf`

Die Hefte liegen _____ den Tischen.

Der Ranzen steht _____ dem Tisch.

Das Hunderterfeld hängt _____ der Lehrerin.

Die Tafel hängt _____ dem Hunderterfeld.

Ein Kind steht _____ der Tafel.

3 Male in das Bild …

… ein Haus auf die rechte Tafelseite.

… einen roten Ball unter das Waschbecken.

… ein Kind links neben das Pult.

Zahlenzauber 2 – Arbeitsheft © 2016 Cornelsen Schulverlage GmbH, Berlin. Alle Rechte vorbehalten.

Auf dem Schulhof

Kann ich auch von oben und von unten ein Foto machen?

1 Welche Kamera hat welche Fotos gemacht?
Trage die Buchstaben richtig ein.

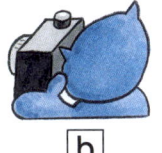

von vorne a   von hinten ☐

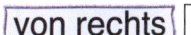

von rechts ☐   von links ☐

2 Lisa springt auf dem Neunerfeld. Zeichne den Weg ein. Wo landet sie?

7	8	9
4	5	6
1	2	3

7	8	9
4	5	6
1	2	3

7	8	9
4	5	6
1	2	3

Lisa startet bei 3:

Sie springt zwei nach links und eins nach vorne.

Sie landet auf _____ .

Lisa startet bei 2:

Sie springt eins nach rechts und zwei nach vorne.

Sie landet auf _____ .

Lisa startet bei 1:

Sie springt zwei nach vorne und eins nach rechts.

Sie landet auf _____ .

3 Zeichne den Weg ein. Wo landet Mark?

1	4	7
2	5	8
3	6	9

1	4	7
2	5	8
3	6	9

1	4	7
2	5	8
3	6	9

Mark startet bei 2:

Er springt eins nach vorne und eins nach rechts.

Er landet auf _____ .

Mark startet bei 1:

Er springt zwei nach vorne und zwei nach rechts.

Er landet auf _____ .

Mark startet bei 3:

Er springt zwei nach vorne und eins nach links.

Er landet auf _____ .

Zahlenzauber 2 – Arbeitsheft © 2016 Cornelsen Schulverlage GmbH, Berlin. Alle Rechte vorbehalten.

Öffnungszeiten

| Mo | 12 – 19 Uhr |
| Di – So | 10 – 20 Uhr |

Eintrittspreise
Tageskarte

| Kind | 2 € |
| Erwachsener | 4 € |

10er-Karte

| Kind | 10 € |
| Erwachsener | 20 € |

① Kreuze richtige Aussagen an.

☐ Am Mittwoch hat das Bad länger geöffnet als am Montag.

☐ Am Montag hat das Schwimmbad 8 Stunden geöffnet.

☐ Am Montag kann Andi ab 11 Uhr schwimmen.

☐ Eine Karte für Erwachsene ist doppelt so teuer wie eine Karte für Kinder.

☐ Eine Zehnerkarte für Kinder ist genauso teuer wie 5 Tageskarten für Kinder.

☐ Eine Zehnerkarte für Erwachsene ist teurer als eine Zehnerkarte für Kinder.

②

3 Obstsalate und 1 Eis, bitte.

R: _____

A: Das kostet _____.

Einmal Pommes und 2 Brezeln, bitte.

R: _____

A: Das kostet _____.

Was kann ich mir für 4 € kaufen?

_____

_____

_____

KIOSK

Obstsalat	3€
Pommes	2€
Eis	1€
Brezel	50ct
Gummischlange	10ct

Finde mindestens 2 Lösungen.

Zahlenzauber 2 – Arbeitsheft © 2016 Cornelsen Schulverlage GmbH, Berlin. Alle Rechte vorbehalten.

1 Lege im Kopf und rechne.

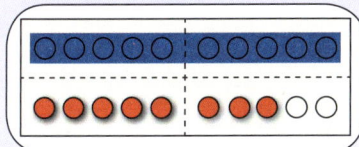

10 + 8 = ____

10 + 3 = ____

10 + 7 = ____

10 + 9 = ____

10 + 4 = ____

2 Immer 10: Ergänze die Rechnungen mit der richtigen Zahl.

4 + ____ = 10   2 + ____ = 10   3 + ____ = 10   8 + ____ = 10

7 + ____ = 10   6 + ____ = 10   5 + ____ = 10   9 + ____ = 10

3 Verdopple und halbiere.

7 + 7 = ____   4 + 4 = ____   20 = ____ + ____   6 = ____ + ____

9 + 9 = ____   6 + 6 = ____   16 = ____ + ____   10 = ____ + ____

4 Denke an die verwandte Aufgabe. Rechne.

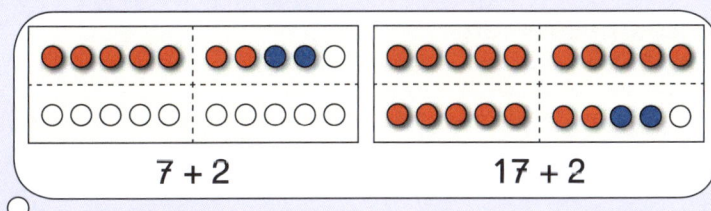

7 + 2   17 + 2

17 + 2 = ____   12 + 5 = ____

14 + 3 = ____   13 + 6 = ____

16 + 3 = ____   13 + 4 = ____

5 Denke an die Verdopplungsaufgabe. Rechne.

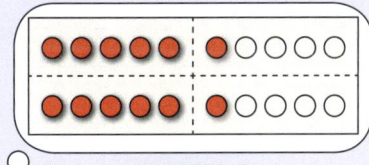

6 + 7 = ____   7 + 8 = ____   9 + 8 = ____

8 + 9 = ____   6 + 5 = ____   5 + 6 = ____

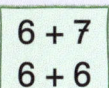

6 + 7
6 + 6

6 Rechne und mache einen Zwischenstopp bei 10.

a)

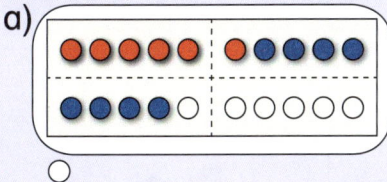

4 + 7 = ____

6 + 8 = ____   9 + 4 = ____

b)

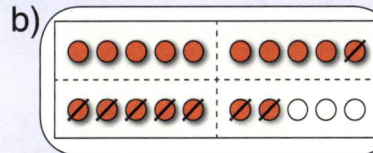

11 − 6 = ____

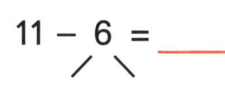

17 − 8 = ____   14 − 8 = ____

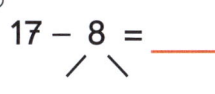

Zahlenzauber 2 – Arbeitsheft © 2016 Cornelsen Schulverlage GmbH, Berlin. Alle Rechte vorbehalten.

1 Schreibe Aufgabe und Umkehraufgabe.

a)

$14 + 3 = 17$

$17 - 3 = \underline{\hspace{1.5em}}$

$11 + 5 = \underline{\hspace{1.5em}}$

_____

$13 + 6 = \underline{\hspace{1.5em}}$

_____

$16 + 4 = \underline{\hspace{1.5em}}$

_____

b)

$18 - 4 = \mathit{14}$

$14 + 4 = \underline{\hspace{1.5em}}$

$19 - 2 = \underline{\hspace{1.5em}}$

_____

$20 - 7 = \underline{\hspace{1.5em}}$

_____

$14 - 3 = \underline{\hspace{1.5em}}$

_____

2 Zwischenstopp bei 10.

a)

$6 + 9 = \underline{\hspace{1.5em}}$
   ╱ ╲
  4   5

$9 + 4 = \underline{\hspace{1.5em}}$
   ╱ ╲
  __ __

$7 + 5 = \underline{\hspace{1.5em}}$
   ╱ ╲
  __ __

$8 + 6 = \underline{\hspace{1.5em}}$
   ╱ ╲
  __ __

b)

$12 - 9 = \underline{\hspace{1.5em}}$
   ╱ ╲
  2   __

$15 - 8 = \underline{\hspace{1.5em}}$
   ╱ ╲
  __ __

$14 - 6 = \underline{\hspace{1.5em}}$
   ╱ ╲
  __ __

$17 - 8 = \underline{\hspace{1.5em}}$
   ╱ ╲
  __ __

3 Das essen die Kinder der Klasse 2b am liebsten.
Zeichne das Schaubild.

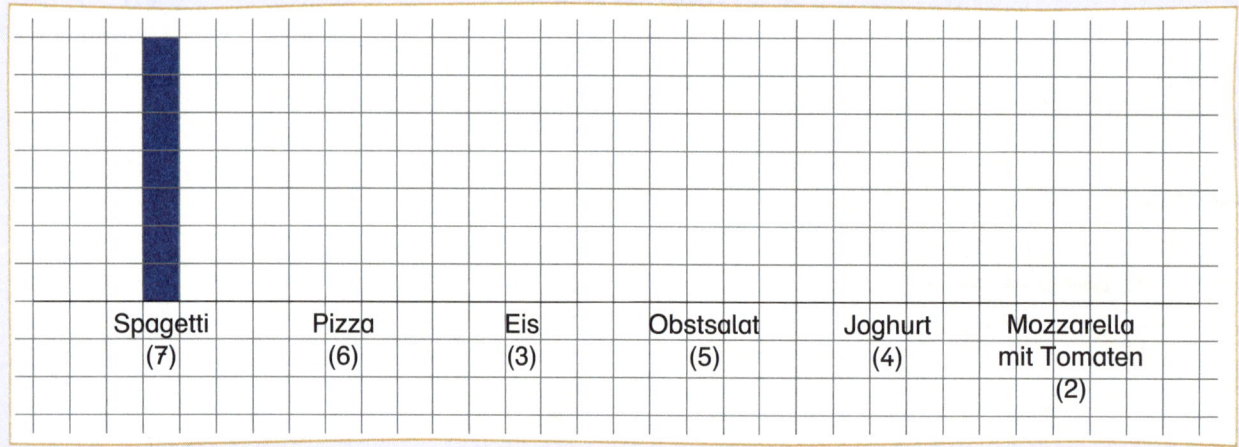

| Spagetti (7) | Pizza (6) | Eis (3) | Obstsalat (5) | Joghurt (4) | Mozzarella mit Tomaten (2) |

4 Welche Kamera hat welche Fotos gemacht?

 c

 a

 d

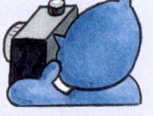 b

 a

16

Zahlenzauber 2 – Arbeitsheft © 2016 Cornelsen Schulverlage GmbH, Berlin. Alle Rechte vorbehalten.

① Wie viele Zehner und Einer sind es? Kreise immer 10 Dinge ein und schreibe auf.

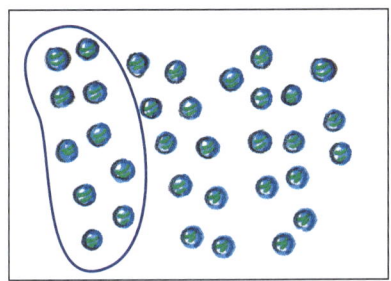

Z	E

Z	E

Z	E

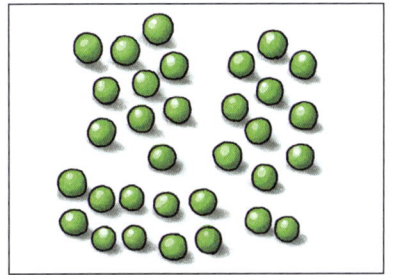

Z	E

Z	E

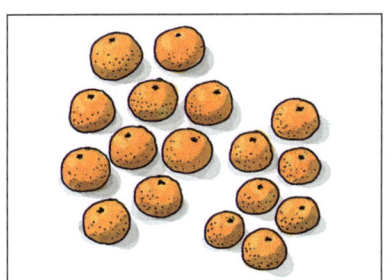

Z	E

② Wie viele Zehner und Einer sind es? Trage ein.

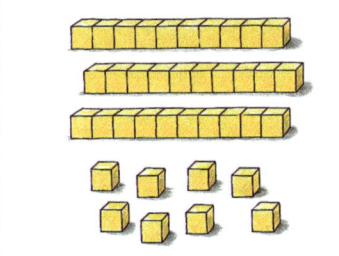

Z	E

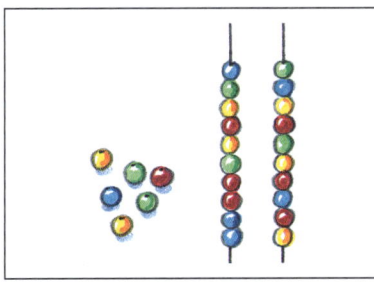

Z	E

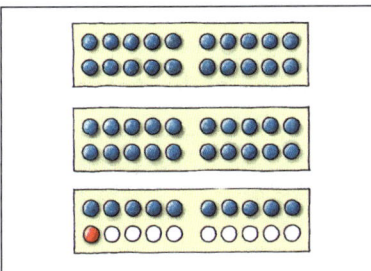

Z	E

Z	E

Z	E

Z	E

Zahlenzauber 2 – Arbeitsheft © 2016 Cornelsen Schulverlage GmbH, Berlin. Alle Rechte vorbehalten.

Ich zeichne und schreibe so:
5 Zehner, 2 Einer.

① Trage ein.

  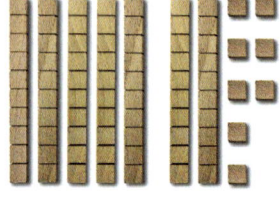  

Z	E
5	2

Z	E

Z	E

Z	E

Z	E

② a) Trage ein. Lies die Zahlen.

Z	E
6	7

Z	E

Z	E

Z	E

Z	E

b) Lies die Zahlen. Zeichne.

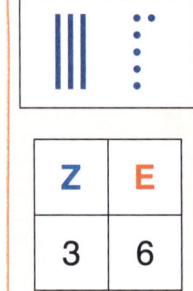

Z	E
3	6

Z	E
4	1

Z	E
5	5

Z	E
6	3

Z	E
1	9

c) Wie heißen diese Zahlen? Zeichne sie und trage sie in die Stellentafel ein.

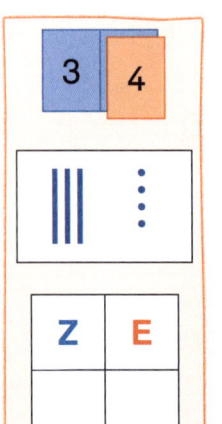

3 4 | 7 5 | 1 7 | 4 9 | 2 0

Z	E

Z	E

Z	E

Z	E

Z	E

Zahlenzauber 2 – Arbeitsheft © 2016 Cornelsen Schulverlage GmbH, Berlin. Alle Rechte vorbehalten.

① Schreibe diese Zahlen auf.

> Für jeden Zehner lege ich ein Plättchen in die Zehnerspalte, für jeden Einer lege ich ein Plättchen …

Z	E
••	••••

24

Z	E
•••••	•

____

Z	E
••	•••••

____

Z	E
••••	••••

____

Z	E
••••	••

____

Z	E
•	•••••

____

② Zeichne in den Stellenwerttafeln jeweils 1 Plättchen dazu.
Welche Zahlen entstehen? Schreibe sie auf.

a)

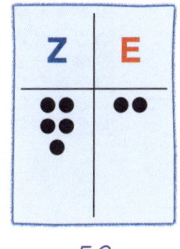

52

1 Plättchen dazu →

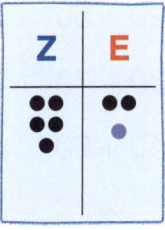

53

oder

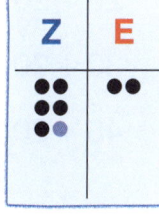

____

b)

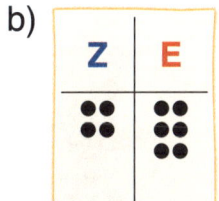

____

1 Plättchen dazu →

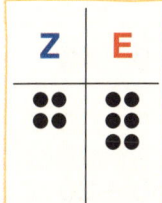

____

oder

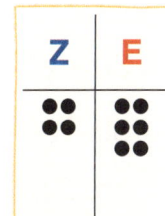

____

c)

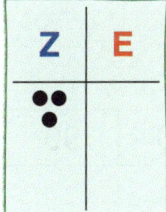

____

1 Plättchen dazu →

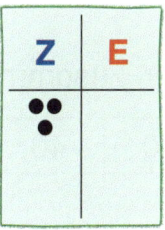

____

oder

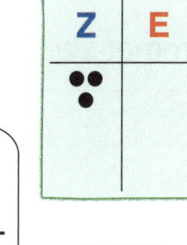

> Findest du alle Möglichkeiten?

____

⭐ ③ Du hast 5 Plättchen. Zeichne sie in die Stellenwerttafeln.
Welche Zahlen entstehen? Schreibe auf.

Z	E

____

Z	E

____

Z	E

____

Z	E

____

Z	E

____

Z	E

____

Z	E

Zahlenzauber 2 – Arbeitsheft © 2016 Cornelsen Schulverlage GmbH, Berlin. Alle Rechte vorbehalten.

① Wie heißen diese Zahlen?

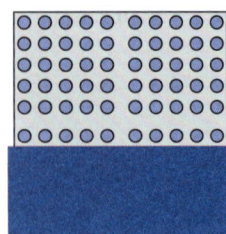 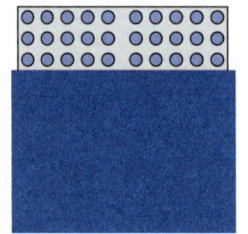 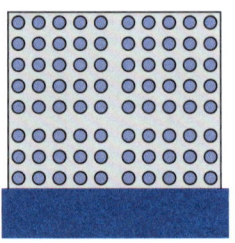 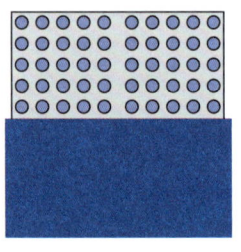

_____   _____   _____   _____

② Rechne und finde die letzte Aufgabe.

Das Hunderterfeld kann helfen.

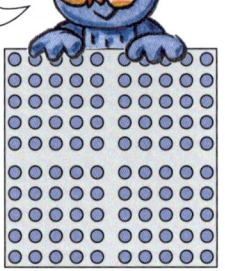

a) 10 + 20 = ____
   20 + 20 = ____
   30 + 20 = ____
   40 + 20 = ____
   ____ + ____ = ____

b) 10 + 90 = ____
   20 + 80 = ____
   30 + 70 = ____
   40 + 60 = ____
   ____ + ____ = ____

c) 20 + ____ = 30
   ____ + 20 = 40
   20 + 30 = ____
   20 + ____ = 60
   ____ + ____ = ____

d) 50 – 10 = ____
   50 – 20 = ____
   50 – 30 = ____
   50 – 40 = ____
   ____ – ____ = ____

e) 90 – 50 = ____
   80 – 40 = ____
   70 – 30 = ____
   60 – 20 = ____
   ____ – ____ = ____

f) 90 – ____ = 30
   80 – 50 = ____
   ____ – 40 = 30
   60 – 30 = ____
   ____ – ____ = ____

③ Immer zwei Zahlen ergeben zusammen 100. Färbe sie gleich ein.

0	10	20	30	40	50	60	70	80	90	100

④ Zerlege.

a)

100
10 + 90
50 + ____
____ + 20
____ + 0
70 + ____

b)

100
40 + ____
____ + 30
90 + ____
80 + ____
____ + 100

c)
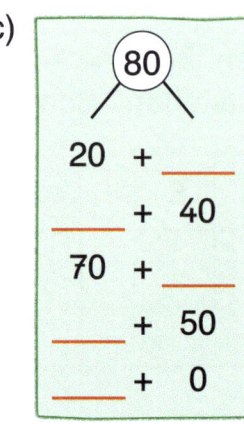
80
20 + ____
____ + 40
70 + ____
____ + 50
____ + 0

d)
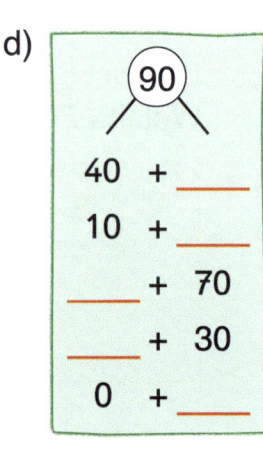
90
40 + ____
10 + ____
____ + 70
____ + 30
0 + ____

20

Zahlenzauber 2 – Arbeitsheft © 2016 Cornelsen Schulverlage GmbH, Berlin. Alle Rechte vorbehalten.

① Wie heißen diese Zahlen? Schreibe die Rechnung.

a)
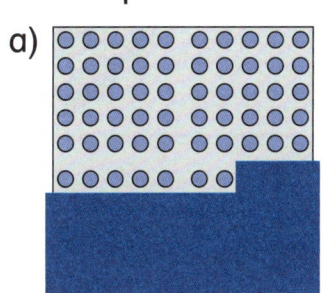 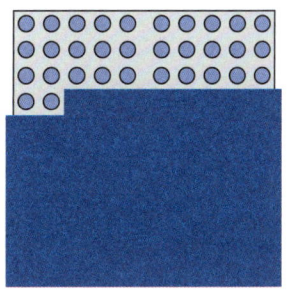 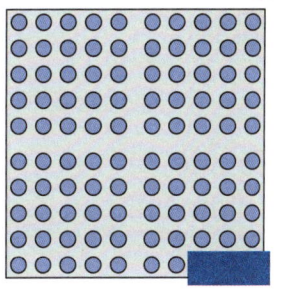 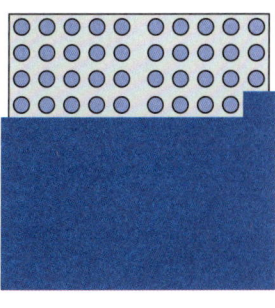

57 = 50 + 7 _____ _____ _____

b)
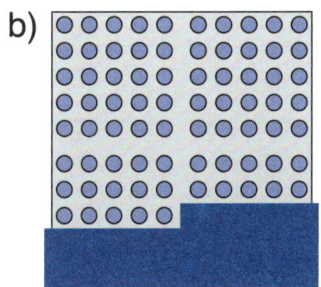 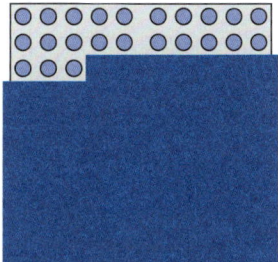 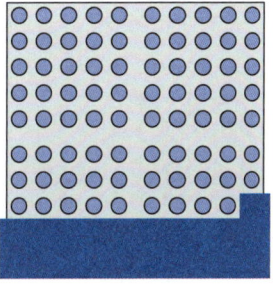 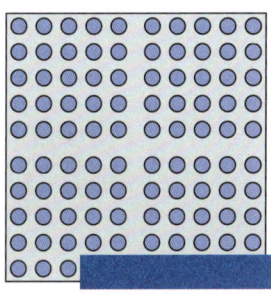

_____ _____ _____ _____

② Markiere im Hunderterfeld.

a)
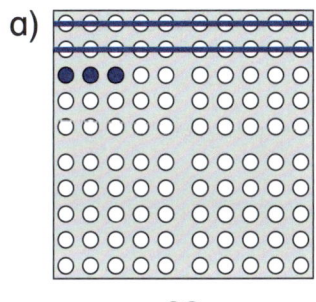 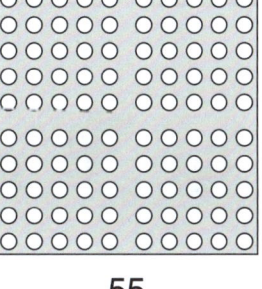 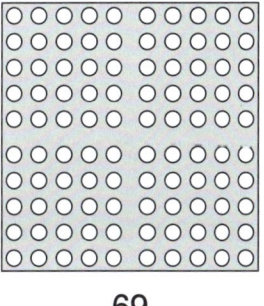 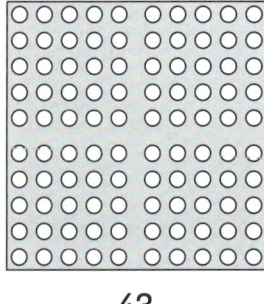

23   55   69   43

b)

68   46   87   25

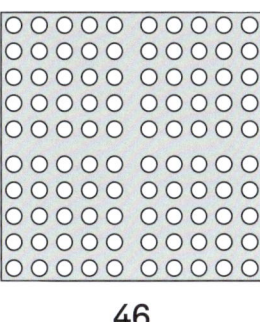 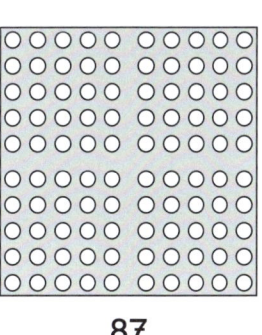 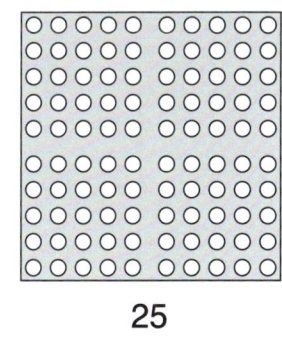

③ Wie viele Punkte sind bei ① jeweils verdeckt? Schreibe auf.

a) 43, _____, _____, _____ .   b) _____, _____, _____, _____ .

④ Wie viele Punkte hast du bei ② weiß gelassen? Schreibe auf.

a) 77, _____, _____, _____ .   b) _____, _____, _____, _____ .

Kontrolliere an deiner Hundertertafel.

Zahlenzauber 2 – Arbeitsheft © 2016 Cornelsen Schulverlage GmbH, Berlin. Alle Rechte vorbehalten.

① a)
> Ergänze die fehlenden Zahlen.

b)
> Kreise alle Zahlen mit 0 Einern blau ein.

c)
> Färbe alle ungeraden Zahlen orange.

d)
> Färbe alle Zahlen mit 2 Zehnern gelb.

e)
> Färbe alle Zahlen mit 5 Zehnern grün.

f)
> Kreise alle Zahlen mit zwei gleichen Ziffern lila ein.

1	2	3	4	5	6	7	8	9	10
11	12			15				19	20
21		23		25			28		30
31			34	35		37			40
41				45	46				50
51				55	56				60
61			64	65		67			70
71		73		75			78		80
81	82			85				89	90
91	92	93	94	95	96	97	98	99	**100**

② Ausschnitte aus der Hundertertafel: Trage die fehlenden Zahlen ein.

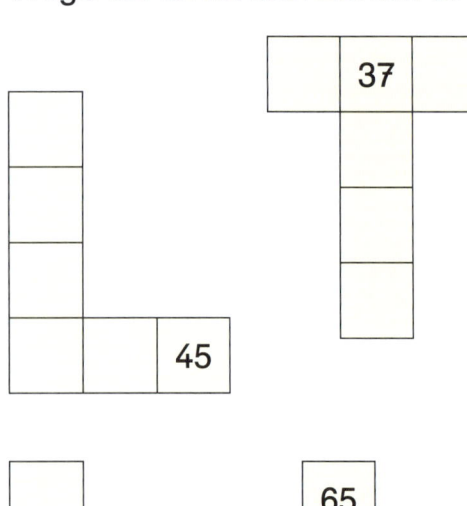

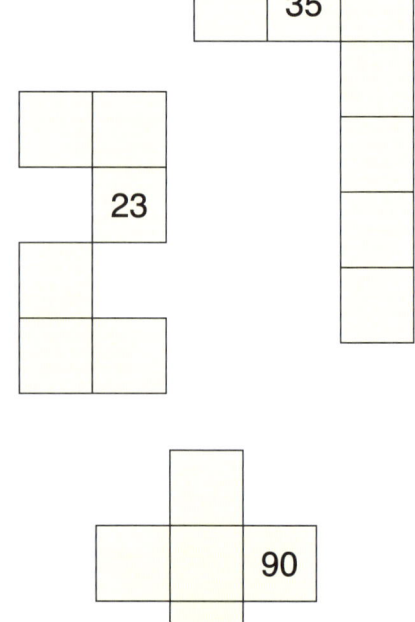

 Zeichne weitere Ausschnitte in dein 📖.

Zahlenzauber 2 – Arbeitsheft © 2016 Cornelsen Schulverlage GmbH, Berlin. Alle Rechte vorbehalten.

Auf dem Zahlenstrahl

1 Trage über dem Zahlenstrahl ein
   a) alle Zehnerzahlen bis 100,
   b) alle Zahlen mit 5 Einern: 5, 15, 25, 35, …
   c) Wie heißen die Zahlen, auf die die Pfeile zeigen? Trage sie ein.

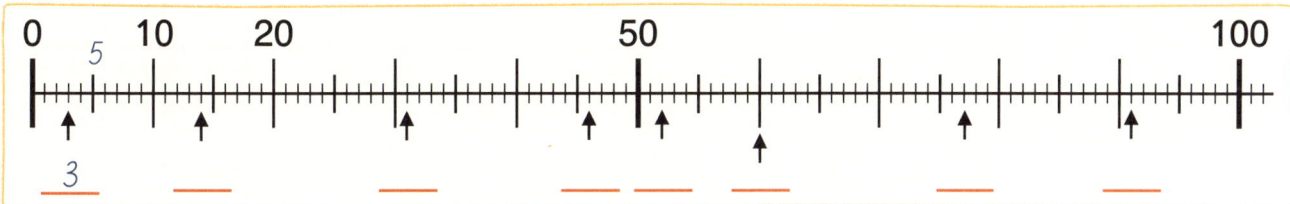

2 a) Markiere diese Zahlen auf dem Zahlenstrahl und schreibe sie darunter:
      74, 81, 43, 69, 24, 96, 13, 58, 33.
   b) Ordne die Zahlen von a) der Größe nach. Beginne mit der kleinsten Zahl.
      13, _____

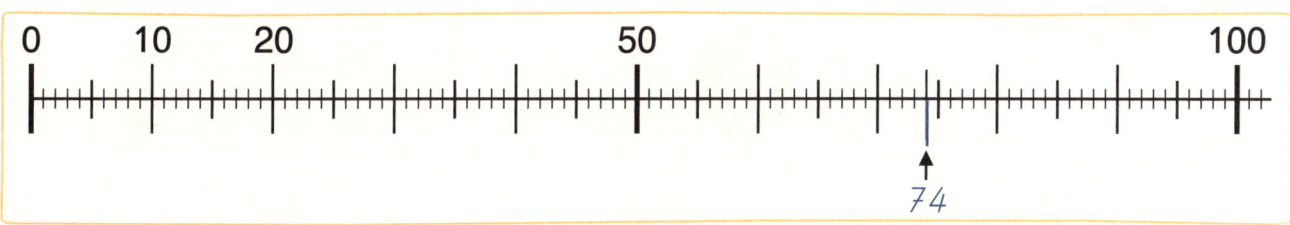

3 Setze die Zahlenfolgen fort.

Der Zahlenstrahl hilft dir!

   a) 20, 21, 22, ____, ____, ____, 26   b) 27, 37, 47, ____, ____, ____, 87

   c) 100, 99, 98, ____, ____, ____, 94   d) 93, 92, 91, ____, ____, ____, 87

   e) 5, 10, 15, ____, ____, ____, 35   f) 40, 45, 50, ____, ____, ____, 70

   g) 42, 44, 46, ____, ____, ____, 54   h) 76, 73, 70, ____, ____, ____, 58

   i) 79, 77, 75, ____, ____, ____, 67   j) 44, 48, 52, ____, ____, ____, 68

4 Vorgänger und Nachfolger

   a) 27 28 29   b) ___ 31 ___   c) 58 59 60   d) ___ 40 ___

   ___ 29 ___   ___ 61 ___   ___ 27 ___   ___ 20 ___

   ___ 30 ___   ___ 81 ___   ___ 79 ___   ___ 90 ___

5 <, > oder =?

   a) 89 ◯ 68   b) 72 ◯ 27   c) 70 ◯ 69   d) 23 ◯ 62

      23 ◯ 32   73 ◯ 73   75 ◯ 57   36 ◯ 63

      46 ◯ 98   89 ◯ 86   43 ◯ 34   43 ◯ 54

Zahlenzauber 2 – Arbeitsheft © 2016 Cornelsen Schulverlage GmbH, Berlin. Alle Rechte vorbehalten.

Verbinde die Zahlen der Reihe nach mit den verschiedenen Farben.

Wenn du bei einer roten Zahl angekommen bist, musst du absetzen und zur nächsten Zahl springen.

grün	braun	blau	grau	orange
1 – 29	30 – 34 75 – 82 83 – 90	35 – 47	48 – 55	56 – 59 60 – 64 65 – 69 70 – 74

Du kannst das Bild schön bunt anmalen.

Zahlenzauber 2 – Arbeitsheft © 2016 Cornelsen Schulverlage GmbH, Berlin. Alle Rechte vorbehalten.

① Zeichne die Muster mit deiner Schablone.

a) Kreis, Quadrat, Dreieck, …

b) Rechteck, Rechteck, Kreis, …

② Setze die Muster fort.

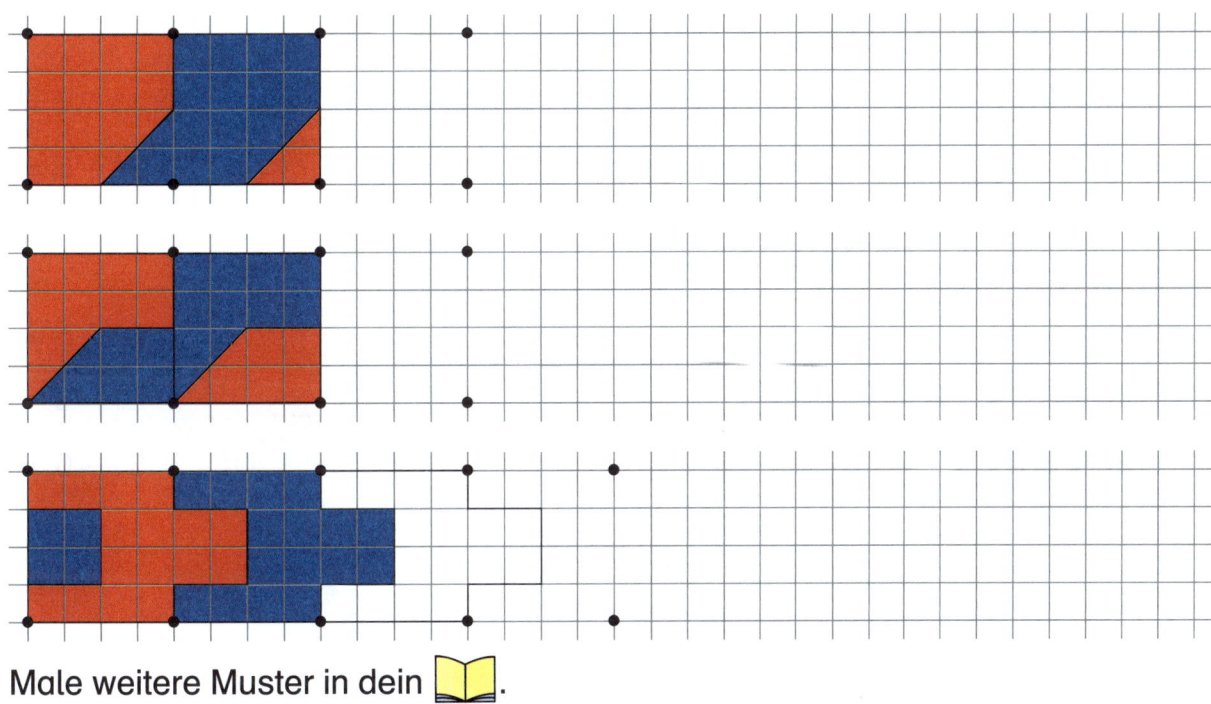

Male weitere Muster in dein 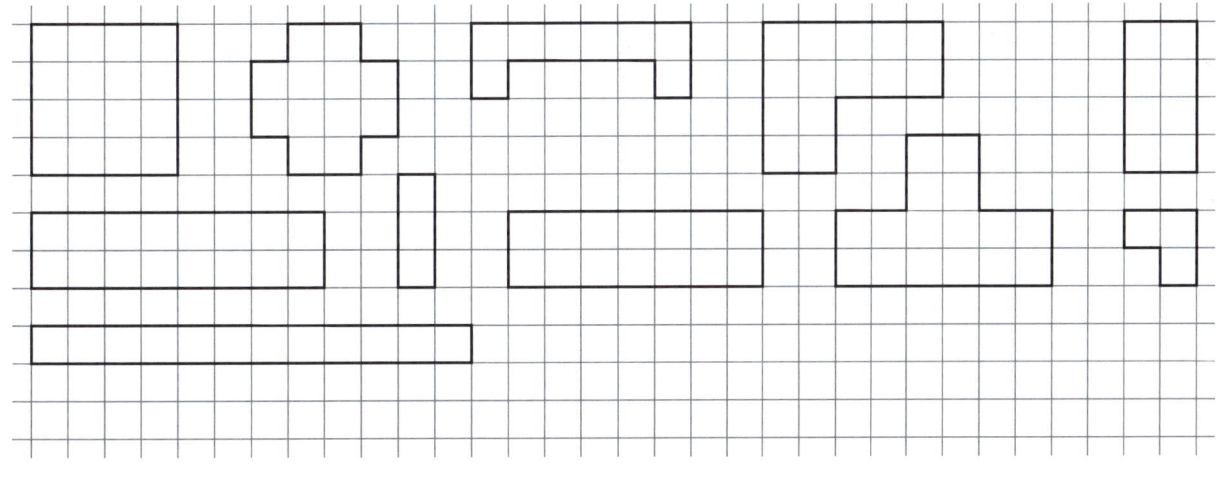.

③ Male Figuren mit gleich vielen Quadraten mit gleicher Farbe an.

Zahlenzauber 2 – Arbeitsheft © 2016 Cornelsen Schulverlage GmbH, Berlin. Alle Rechte vorbehalten.

Zehner und Einer – Plus und Minus

1 Rechne.

a) 6 + 3 = ____

16 + 3 = ____

26 + 3 = ____

b) 8 − 2 = ____

18 − 2 = ____

28 − 2 = ____

c) 9 + 6 = ____

19 + 6 = ____

29 + 6 = ____

d) 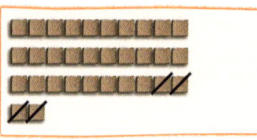 12 − 4 = ____

22 − 4 = ____

32 − 4 = ____

2 Rechne die kleine und die große Aufgabe.

a) 7 + 5 = ____   b) 8 + 7 = ____   c) 13 − 7 = ____   d) 11 − 6 = ____

37 + 5 = ____   48 + 7 = ____   53 − 7 = ____   31 − 6 = ____

3 Rechne. Setze die Reihe fort.

a) 6 + 3 = ____   b) 9 − 8 = ____   c) 8 + 6 = ____   d) 11 − 6 = ____

16 + 3 = ____   19 − 8 = ____   18 + 6 = ____   21 − 6 = ____

26 + 3 = ____   29 − 8 = ____   28 + 6 = ____   31 − 6 = ____

36 + 3 = ____   39 − 8 = ____   38 + 6 = ____   41 − 6 = ____

Da fallen mir noch mehr Aufgaben ein.

____   ____   ____   ____

____   ____   ____   ____

____   ____   ____   ____

____   ____   ____   ____

4 Rechne. Setze die Reihen fort.

a) 14 + 30 = ____   b) 88 − 20 = ____   c) 3 + 50 = ____   d) 79 − 30 = ____

14 + 40 = ____   88 − 30 = ____   3 + 60 = ____   79 − 40 = ____

14 + 50 = ____   88 − 40 = ____   3 + 70 = ____   79 − 50 = ____

Zahlenzauber 2 – Arbeitsheft © 2016 Cornelsen Schulverlage GmbH, Berlin. Alle Rechte vorbehalten.

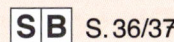

1 Zeichne und rechne.

a)

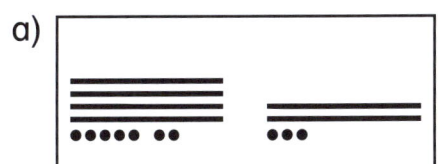  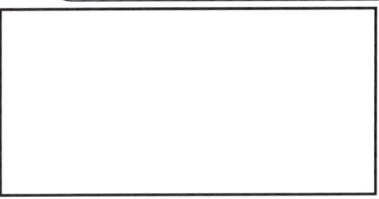

47 + 23 = ____   14 + 54 = ____   21 + 48 = ____

b)

33 + 38 = ____   55 + 36 = ____   47 + 25 = ____

2 Verwandte Aufgaben

a)

14 + 8 = ____   34 + 8 = ____   44 + 28 = ____

b)

  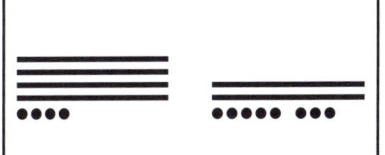

27 + 5 = ____   27 + 25 = ____   47 + 45 = ____

c)

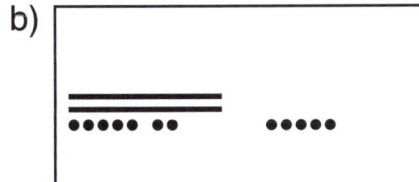 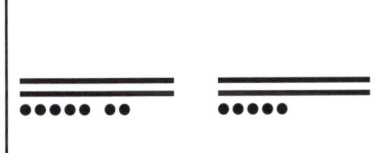 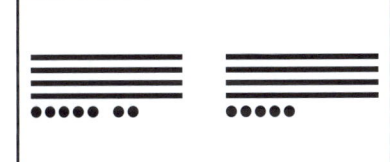

16 + 9 = ____   36 + 9 = ____   66 + 29 = ____

3 Rechne erst die Zehner, dann die Einer dazu.

a)

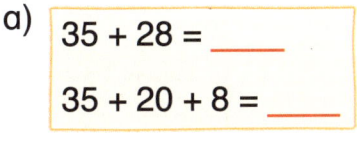
35 + 28 = ____

35 + 20 + 8 = ____

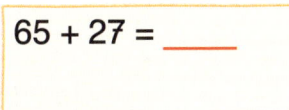
65 + 27 = ____

____

b)

46 + 35 = ____

46 + 30 + 5 = ____

18 + 63 = ____

____

c)

27 + 65 = ____

27 + 60 + 5 = ____

58 + 17 = ____

____

Zahlenzauber 2 – Arbeitsheft © 2016 Cornelsen Schulverlage GmbH, Berlin. Alle Rechte vorbehalten.

① So?

48 + 37 = ____

40 + 30 = 70

8 + 7 = 15

Oder so?

48 + 37 = ____

48 + 30 = 78

78 + 7 = ____

Oder so?

48 + 37 = ____

78, 85

Oder?

Rechne auf deinem Weg.

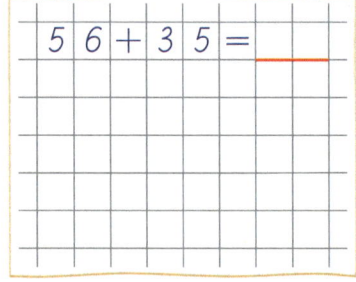

5 6 + 3 5 =

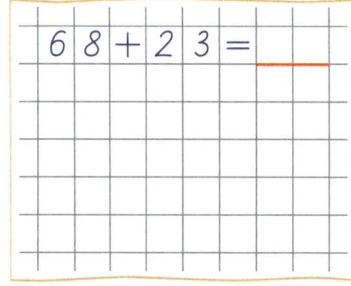

2 7 + 4 7 =

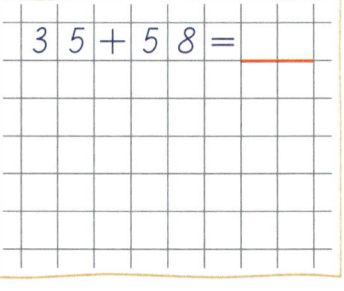

3 5 + 5 8 =

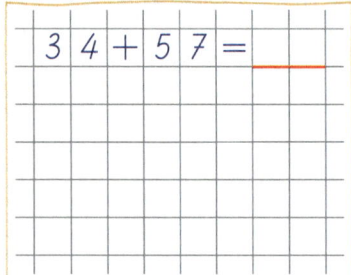

3 4 + 5 7 =

6 8 + 2 3 =

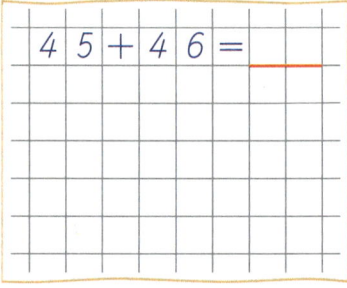

4 5 + 4 6 =

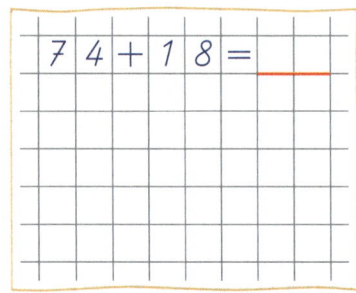

7 4 + 1 8 =

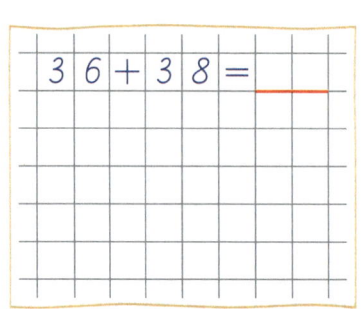

3 6 + 3 8 =

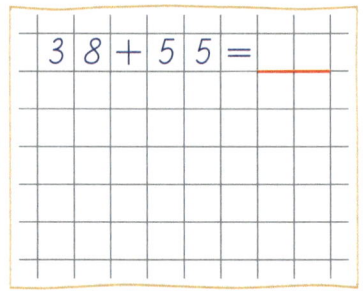

3 8 + 5 5 =

② Rechne mit der Ergebniszahl weiter.

 Bist du auf dem richtigen Weg?

a)

7 + 8 = _15_

59 + 19 = ____

15 + 16 = ____

31 + 28 = ____

78 + 22 = ____

Ziel: 100

b)

6 + 7 = ____

31 + 16 = ____

96 + 3 = ____

47 + 49 = ____

13 + 18 = ____

Ziel: 99

c)

9 + 8 = ____

17 + 18 = ____

62 + 19 = ____

81 + 19 = ____

35 + 27 = ____

Ziel: 100

Zahlenzauber 2 – Arbeitsheft © 2016 Cornelsen Schulverlage GmbH, Berlin. Alle Rechte vorbehalten.

  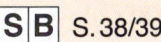
① Welche Stelle ändert sich jeweils?
Überlege vorher und überprüfe dann mit dem Ergebnis.

a) 36 + 3 = ____   23 + 5 = ____   15 + 4 = ____   12 + 7 = ____

36 + 30 = ____   23 + 50 = ____   15 + 40 = ____   12 + 70 = ____

36 + 33 = ____   23 + 55 = ____   15 + 44 = ____   12 + 77 = ____

b) 16 + 2 = ____   33 + 6 = ____   45 + 3 = ____   32 + 5 = ____

16 + 20 = ____   33 + 60 = ____   45 + 30 = ____   32 + 50 = ____

16 + 22 = ____   33 + 66 = ____   45 + 33 = ____   32 + 55 = ____

② Nahe beim vollen Zehner

27 + 19 = ____

27 + 20 − 1 = ____

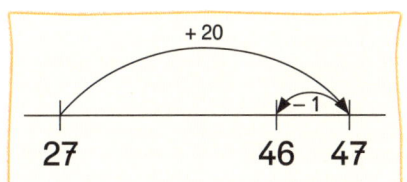

+ 20

− 1

27   46   47

a) 45 + 29 = ____

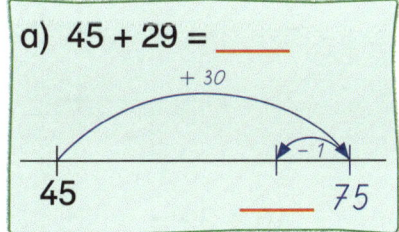

+ 30

− 1

45   75
____

b) 57 + 39 = ____

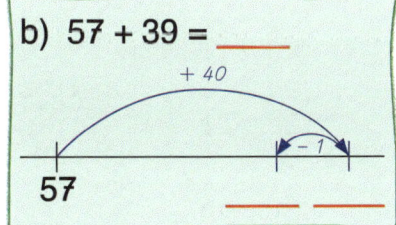

+ 40

− 1

57

____   ____

c) 24 + 59 = ____

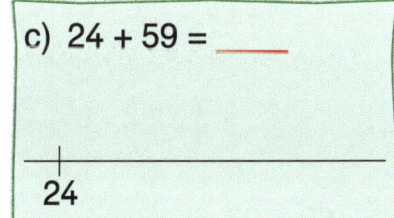

24

d) 26 + 49 = ____

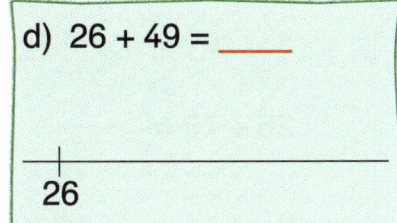

26

e) 63 + 19 = ____

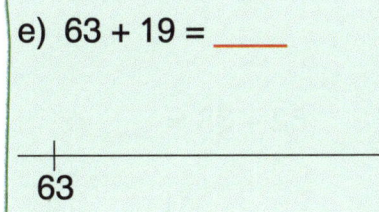

63

f) 17 + 69 = ____

17

g) 48 + 39 = ____

48

h) 54 + 29 = ____

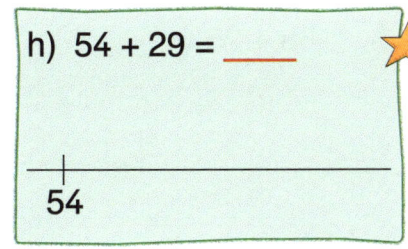

54

⭐ i) 66 + 39 = ____

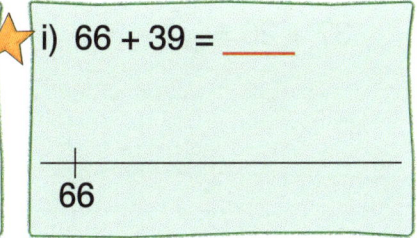

66

Zahlenzauber 2 – Arbeitsheft © 2016 Cornelsen Schulverlage GmbH, Berlin. Alle Rechte vorbehalten.

① Beginne in jedem Päckchen mit der Aufgabe, die für dich am leichtesten ist.
Kreuze sie an.

Aufgaben mit Zehnerzahlen sind einfach.

a)
- [X] 56 + 30 = _____
- [ ] 56 + 29 = _____
- [ ] 56 + 28 = _____

b)
- [ ] 19 + 39 = _____
- [ ] 19 + 40 = _____
- [ ] 19 + 38 = _____

c)
- [ ] 47 + 18 = _____
- [ ] 47 + 19 = _____
- [ ] 47 + 20 = _____

d)
- [ ] 69 + 24 = _____
- [ ] 70 + 24 = _____
- [ ] 68 + 24 = _____

e)
- [ ] 40 + 48 = _____
- [ ] 38 + 48 = _____
- [ ] 39 + 48 = _____

f)
- [ ] 78 + 17 = _____
- [ ] 80 + 17 = _____
- [ ] 79 + 17 = _____

② Rechne auf deinem Weg.

45 + 27 = _____

63 + 18 = _____

56 + 34 = _____

32 + 44 = _____

57 + 16 = _____

28 + 61 = _____

69 + 23 = _____

43 + 28 = _____

46 + 39 = _____

58 + 35 = _____

62 + 38 = _____

26 + 73 = _____

37 + 26 = _____

68 + 25 = _____

52 + 48 = _____

Zahlenzauber 2 – Arbeitsheft © 2016 Cornelsen Schulverlage GmbH, Berlin. Alle Rechte vorbehalten.

① Verwandte Aufgaben

a)

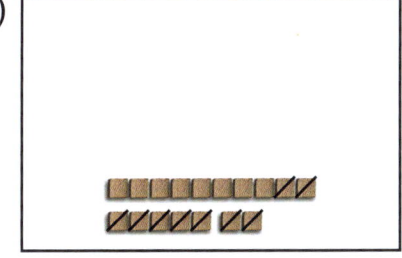

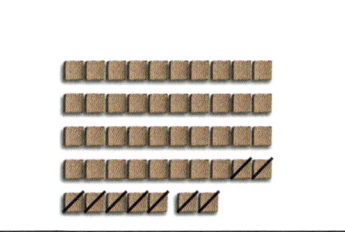

17 – 9 = _____   27 – 9 = _____   47 – 9 = _____

b)

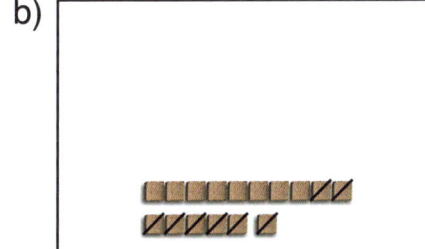
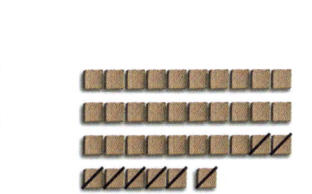
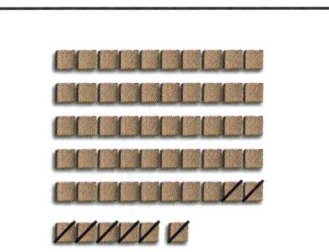

16 – 8 = _____   36 – 8 = _____   56 – 8 = _____

c)

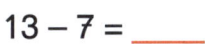
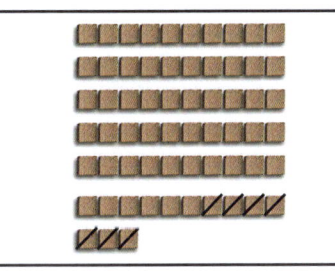
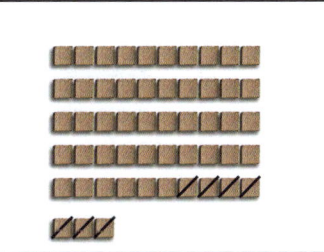

13 – 7 = _____   63 – 7 = _____   53 – 7 = _____

d)

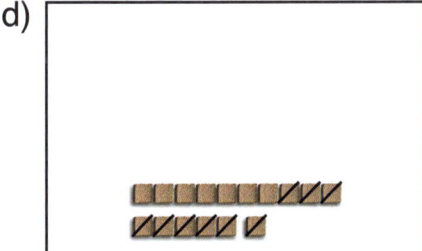
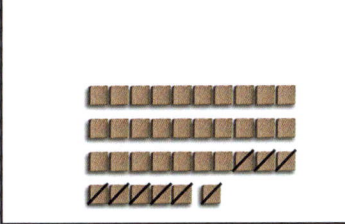

16 – 9 = _____   36 – 9 = _____   56 – 9 = _____

② Achte jetzt besonders auf die Zehner. Rechne.

a) 62 – 5 = _____   b) 86 – 7 = _____   c) 91 – 3 = _____

    62 – 25 = _____   86 – 57 = _____   91 – 33 = _____

    62 – 45 = _____   86 – 27 = _____   91 – 13 = _____

    62 – 15 = _____   86 – 17 = _____   91 – 43 = _____

    62 – 35 = _____   86 – 47 = _____   91 – 23 = _____

Zahlenzauber 2 – Arbeitsheft © 2016 Cornelsen Schulverlage GmbH, Berlin. Alle Rechte vorbehalten.

① Verbinde Bild und Aufgabe. Welche Aufgaben sind für dich leicht? Male an.

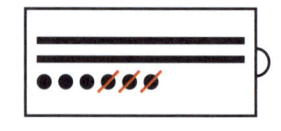
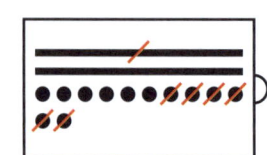
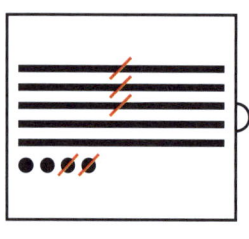
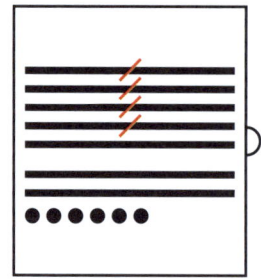
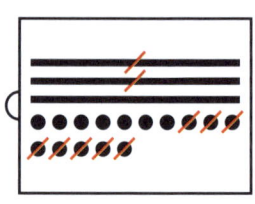

26 – 3 = ____

54 – 32 = ____

45 – 28 = ____

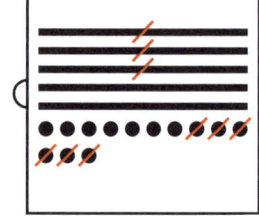

32 – 16 = ____

63 – 36 = ____

76 – 40 = ____

② Zeichne und rechne.

a)

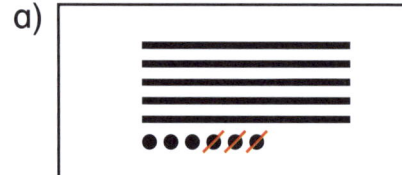

56 – 3 = ____   56 – 30 = ____   56 – 33 = ____

b)

33 – 20 = ____   33 – 5 = ____   33 – 25 = ____

c)

65 – 8 = ____   65 – 40 = ____   65 – 48 = ____

③ Welche Stelle ändert sich jeweils? Überlege vorher und rechne dann.

a)

64 – 2 = ____	86 – 4 = ____
64 – 30 = ____	86 – 30 = ____
64 – 32 = ____	86 – 34 = ____

b)

79 – 6 = ____	56 – 5 = ____
79 – 50 = ____	56 – 50 = ____
79 – 56 = ____	56 – 55 = ____

32

Zahlenzauber 2 – Arbeitsheft © 2016 Cornelsen Schulverlage GmbH, Berlin. Alle Rechte vorbehalten.

SB S. 42/43

① Rechne auf deinem Weg.

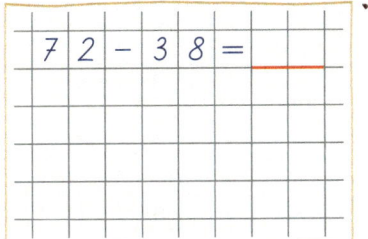

72 − 38 =

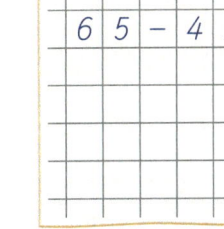

65 − 47 =

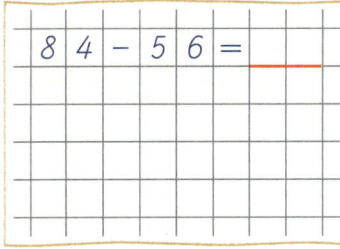

84 − 56 =

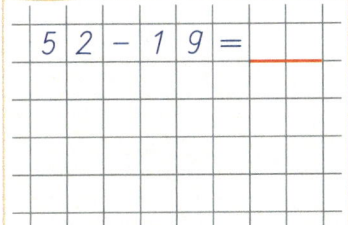

52 − 19 =

71 − 55 =

64 − 28 =

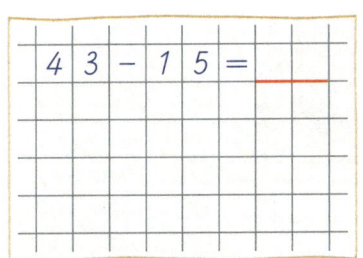

43 − 15 =

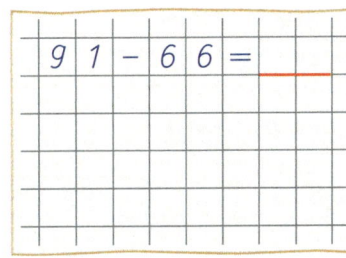

91 − 66 =

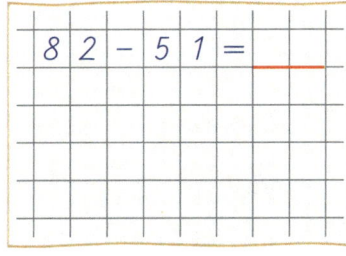

82 − 51 =

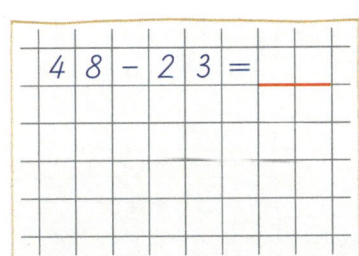

48 − 23 =

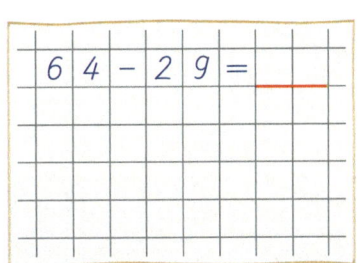

64 − 29 =

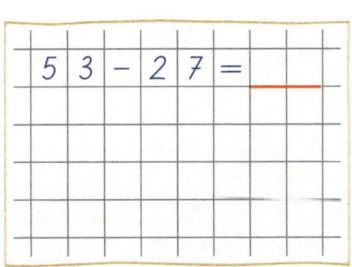

53 − 27 =

② Nahe beim vollen Zehner

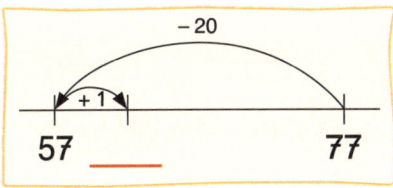

77 − 19 = ____

77 − 20 + 1 = ____

− 20

57 ____   77   + 1

a)

83 − 39 = ____

− 40

43 ____   83   + 1

56 − 29 = ____

− 30

____ ____   56   + 1

73 − 59 = ____

b)

72 − 49 = ____

64 − 19 = ____

81 − 69 = ____

Zahlenzauber 2 – Arbeitsheft © 2016 Cornelsen Schulverlage GmbH, Berlin. Alle Rechte vorbehalten.

① Beginne in jedem Päckchen mit der Aufgabe, die für dich am leichtesten ist. Kreuze sie an.

a)
- ☒ 68 – 30 = ____
- ☐ 68 – 29 = ____
- ☐ 68 – 28 = ____

b)
- ☐ 74 – 39 = ____
- ☐ 74 – 40 = ____
- ☐ 74 – 38 = ____

c)
- ☐ 46 – 18 = ____
- ☐ 46 – 19 = ____
- ☐ 46 – 20 = ____

d)
- ☐ 94 – 22 = ____
- ☐ 94 – 21 = ____
- ☐ 94 – 20 = ____

e)
- ☐ 85 – 50 = ____
- ☐ 85 – 49 = ____
- ☐ 85 – 48 = ____

f)
- ☐ 57 – 49 = ____
- ☐ 57 – 50 = ____
- ☐ 57 – 48 = ____

Das könnte ich ja noch ewig fortsetzen.

```
9 8 – 4 9 = 4 9
9 7 – 4 8 = 4 9
9 6 – 4 7 =
```

② Rechne und finde die nächste Aufgabe.

75 – 6 = ____	33 – 15 = ____	72 – 39 = ____	98 – 49 = ____
74 – 7 = ____	44 – 16 = ____	62 – 39 = ____	97 – 48 = ____
73 – 8 = ____	55 – 17 = ____	52 – 39 = ____	96 – 47 = ____
____ – ____ = ____	____ – ____ = ____	____ – ____ = ____	____ – ____ = ____

93 – 14 = ____	72 – 19 = ____	24 – 16 = ____	51 – 15 = ____
94 – 15 = ____	73 – 18 = ____	35 – 17 = ____	62 – 26 = ____
____ – ____ = ____	____ – ____ = ____	____ – ____ = ____	____ – ____ = ____
____ – ____ = ____	____ – ____ = ____	____ – ____ = ____	____ – ____ = ____

③ Rechne auf deinem Weg.

45 – 25 = ____

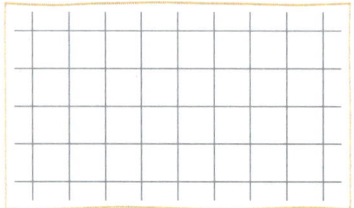

63 – 15 = ____

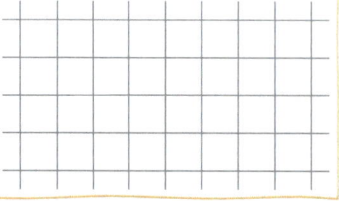

56 – 38 = ____

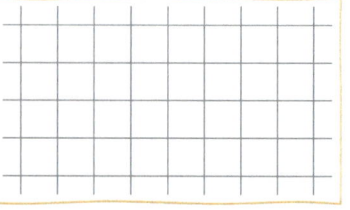

32 – 24 = ____

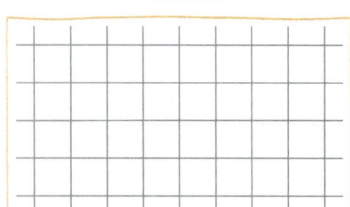

57 – 28 = ____

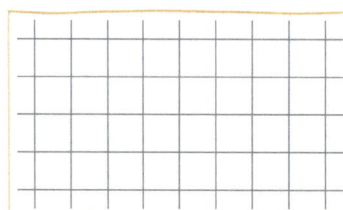

88 – 69 = ____

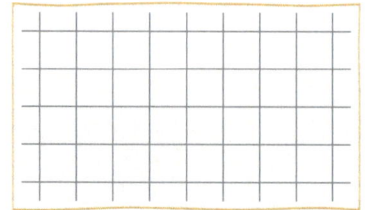

Zahlenzauber 2 – Arbeitsheft © 2016 Cornelsen Schulverlage GmbH, Berlin. Alle Rechte vorbehalten.

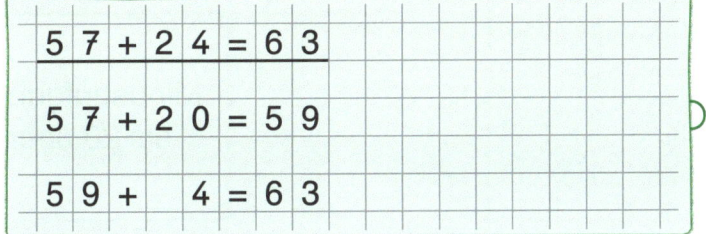
1 Achtung Fehler! Verbessere die ganze Rechnung und verbinde mit einem passenden Rechentipp.

5	7	+	2	4	=	6	3
5	7	+	2	0	=	5	9
5	9	+		4	=	6	3

Plusaufgaben bis 20 üben

5	6	+	1	9	=	7	7
5	6	+	2	0	=	7	6
7	6	−		1	=	7	7

auf Zehner und Einer achten

4	8	+	3	7	=	8	4
4	0	+	3	0	=	7	0
	8	+		7	=	1	4

+ und − nicht verwechseln

3	8	+	2	3	=	8	8
3	8	+	2	0	=	5	8
5	8	+		3	=	8	8

an den Rechenstrich denken

2 Rechne zuerst die Aufgabe, die für dich am leichtesten ist.

a) 35 + 27 = ____   b) 68 + 13 = ____   c) 44 + 44 = ____   d) 49 + 38 = ____

   35 + 26 = ____   68 + 12 = ____   45 + 44 = ____   50 + 38 = ____

   35 + 25 = ____   68 + 11 = ____   46 + 44 = ____   51 + 38 = ____

   35 + 24 = ____   68 + 10 = ____   47 + 44 = ____   52 + 38 = ____

3 Färbe vorher …

a) … Aufgaben mit einer Zehnerzahl als Ergebnis rot und rechne dann aus.

b) … Aufgaben mit einem Übergang blau und rechne dann aus.

| 32 + 63 = ____ | 26 + 34 = ____ | 45 + 21 = ____ |

| 18 + 35 = ____ | 29 + 61 = ____ | 26 + 47 = ____ |

Zahlenzauber 2 – Arbeitsheft © 2016 Cornelsen Schulverlage GmbH, Berlin. Alle Rechte vorbehalten.

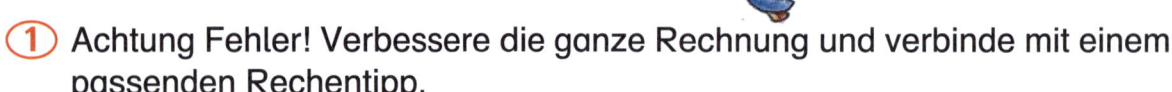
1 Achtung Fehler! Verbessere die ganze Rechnung und verbinde mit einem passenden Rechentipp.

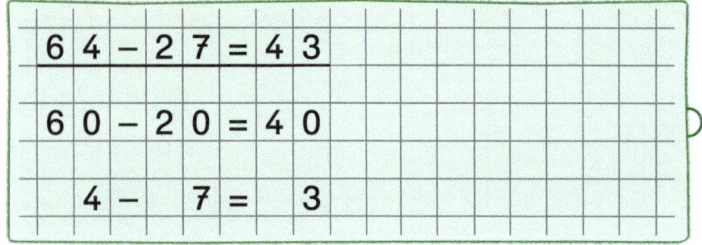

```
6 4 – 2 7 = 4 3
6 0 – 2 0 = 4 0
  4 –   7 =   3
```

Minusaufgaben
bis 20 üben

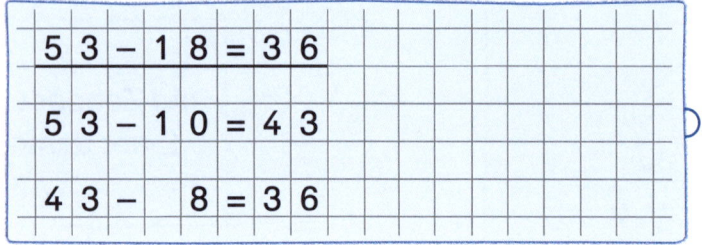

```
5 3 – 1 8 = 3 6
5 3 – 1 0 = 4 3
4 3 –   8 = 3 6
```

bei ⊖
Zahlen nicht
vertauschen

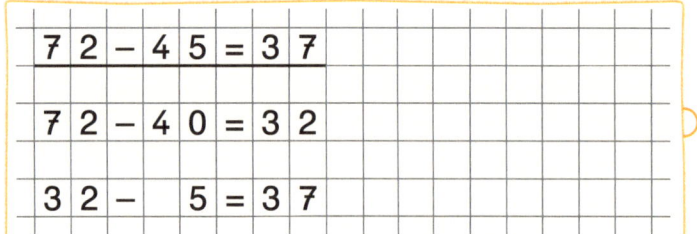

```
7 2 – 4 5 = 3 7
7 2 – 4 0 = 3 2
3 2 –   5 = 3 7
```

⊕ und ⊖ nicht
verwechseln

2 Rechne zuerst die Aufgabe, die für dich am leichtesten ist.

a) 56 – 18 = ____   b) 45 – 14 = ____   c) 57 – 16 = ____   d) 63 – 13 = ____

56 – 19 = ____   45 – 15 = ____   57 – 17 = ____   62 – 13 = ____

56 – 20 = ____   45 – 16 = ____   57 – 18 = ____   61 – 13 = ____

56 – 21 = ____   45 – 17 = ____   57 – 19 = ____   60 – 13 = ____

3 Färbe vorher …
a) … Aufgaben mit einer Zehnerzahl als Ergebnis rot
und rechne dann aus.
b) … Aufgaben mit einem Übergang blau
und rechne dann aus.

| 57 – 27 = ____ | 78 – 58 = ____ | 69 – 48 = ____ |

| 72 – 38 = ____ | 67 – 54 = ____ | 94 – 25 = ____ |

| 45 – 31 = ____ | 86 – 76 = ____ | 76 – 59 = ____ |

Zahlenzauber 2 – Arbeitsheft © 2016 Cornelsen Schulverlage GmbH, Berlin. Alle Rechte vorbehalten.

① Wie heißt die Zauberregel? Schreibe auf und finde weitere Zahlenpaare.

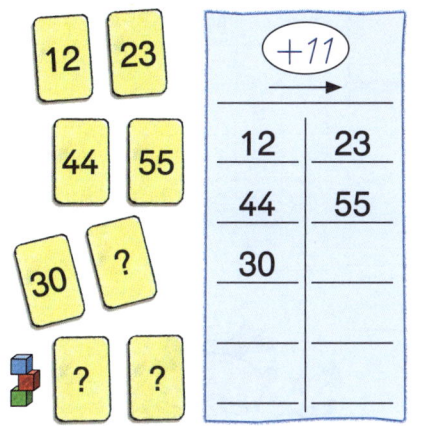

+11 →	
12	23
44	55
30	

○ →	

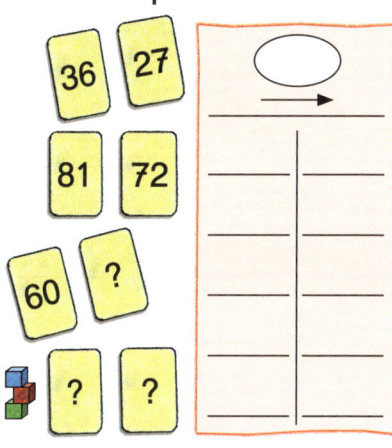

○ →	

② Finde Paare zu diesen Zauberregeln.

+16 →	
7	23

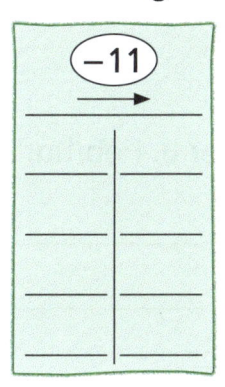

−11 →	

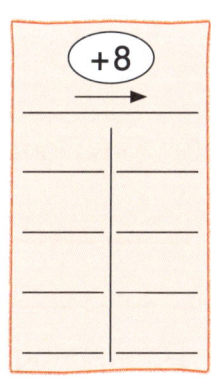

+8 →	

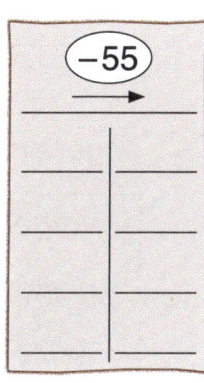

−55 →	

③ Ergänze die erste oder zweite Zahl.

+30 →	
40	70
	42
	30
	66

+17 →	
	47
	50
6	
34	

−32 →	
	32
	64
	20
	9

−19 →	
	6
	40
81	
100	

④ Finde die Regel. Berichtige das falsche Kartenpaar und trage ein.

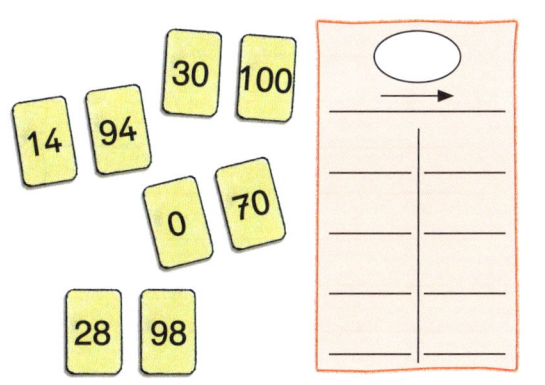

○ →	

○ →	

Zahlenzauber 2 – Arbeitsheft © 2016 Cornelsen Schulverlage GmbH, Berlin. Alle Rechte vorbehalten.

① Schreibe alle Sonntage im Februar 2018 auf.

| | 4.2. | | | |

Februar
Mo	Di	Mi	Do	Fr	Sa	So
			1	2	3	4
5	6	7	8	9	10	11
12	13	14	15	16	17	18
19	20	21	22	23	24	25
26	27	28				

② Welcher Wochentag ist das?

3.2. _____   12.2. _____

23.2. _____   28.2. _____

③ Jeden Mittwoch haben Simsala und Bim Zauberkurs.
Schreibe das jeweilige Datum zu den Tagen auf.

| | | | |

④ Angenommen, heute wäre Donnerstag, der 8. Februar: Ergänze die Liste.

vorgestern	_____
gestern	_____
heute	Donnerstag, 8. Februar
morgen	_____
übermorgen	_____

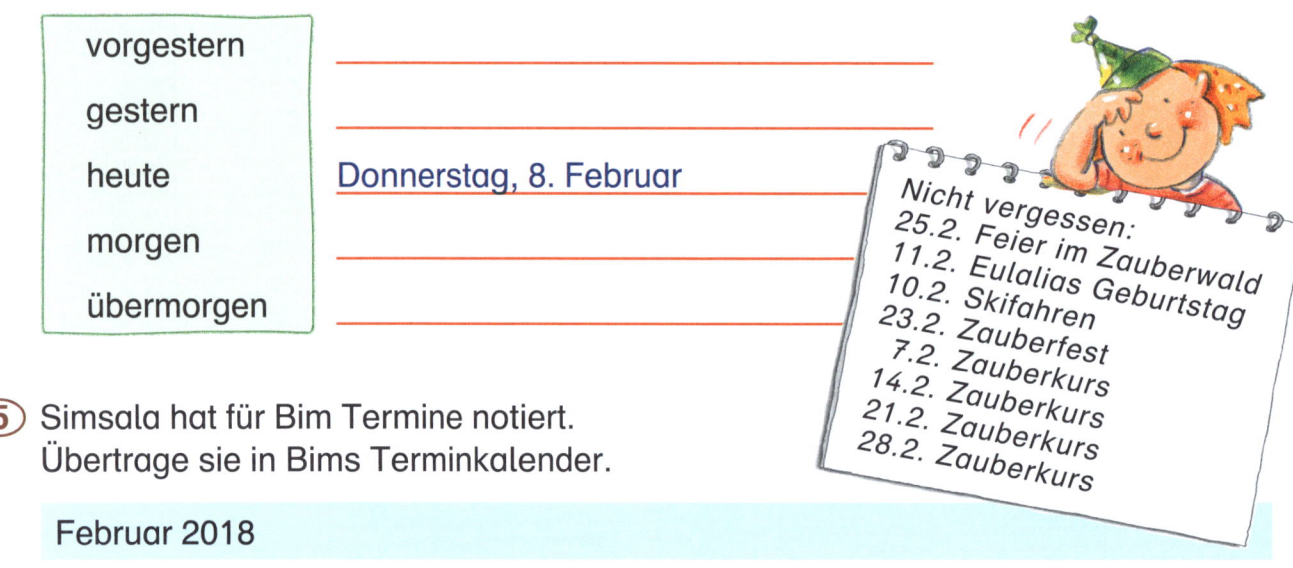

Nicht vergessen:
25.2. Feier im Zauberwald
11.2. Eulalias Geburtstag
10.2. Skifahren
23.2. Zauberfest
7.2. Zauberkurs
14.2. Zauberkurs
21.2. Zauberkurs
28.2. Zauberkurs

⑤ Simsala hat für Bim Termine notiert.
Übertrage sie in Bims Terminkalender.

Februar 2018

1	_____	15	_____
2	_____	16	_____
3	_____	17	_____
4	_____	18	_____
5	_____	19	_____
6	_____	20	_____
7	_____	21	_____
8	_____	22	_____
9	_____	23	_____
10	Skifahren	24	_____
11	_____	25	_____
12	_____	26	_____
13	_____	27	_____
14	_____	28	_____

Zahlenzauber 2 – Arbeitsheft © 2016 Cornelsen Schulverlage GmbH, Berlin. Alle Rechte vorbehalten.

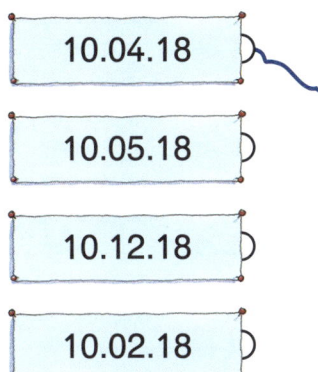

① Verbinde.

10.04.18	10. Dezember 2018
10.05.18	10. April 2018
10.12.18	10. Mai 2018
10.02.18	10. Februar 2018

② Sind die Aussagen richtig oder falsch? Kreuze an ⊗.   r   f

   a) Der November hat mehr Tage als der Juni.   ◯ ◯

   b) Der März hat genauso viele Tage wie der Mai.   ◯ ◯

   c) Der September hat weniger Tage als der Januar. ◯ ◯

   d) Der kürzeste Monat ist der Februar.   ◯ ◯

   e) Alle Monate, die mit M beginnen, haben 31 Tage. ◯ ◯

> Du brauchst einen Kalender.

③ Ergänze die fehlenden Angaben.
Finde weitere „besondere" Tage in diesem Jahr.

Festtage / wichtige Ereignisse	Wochentag	Datum
Mein Geburtstag		
Beginn der Sommerferien		
Tag der deutschen Einheit		
1. Weihnachtstag		
		6. Dezember
		31. Dezember

Zahlenzauber 2 – Arbeitsheft © 2016 Cornelsen Schulverlage GmbH, Berlin. Alle Rechte vorbehalten.

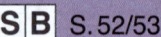
1 Zeichne und schreibe die Rechnung auf.

| 6 | 5 | ‖‖‖‖‖ | ⋮ | 60 + 5 = ____ |

| 2 | 6 | [ ] | ____ + ____ = ____ |

| 4 | 1 | [ ] | ____ + ____ = ____ |

| 5 | 3 | [ ] | ____ + ____ = ____ |

2 Wie heißen die Zahlen?

Z | E
3Z + 5E = ____

Z | E
____ + ____ = ____

Z | E
____ + ____ = ____

Z | E
____ + ____ = ____

3 Zwischen welchen Zehnern liegen die Zahlen?

| 50 | 53 | 60 | | | 46 | | | | 66 | | | | 99 | |

| | 71 | | | | 27 | | | | 84 | | | | 11 | |

4 Denke an die verwandte Aufgabe. Rechne.

6 + 2
36 + 2

36 + 2 = ____   74 + 5 = ____   23 + 5 = ____

47 + 2 = ____   61 + 6 = ____   55 + 3 = ____

5 Rechne und mache einen Zwischenstopp beim vollen Zehner.

a)

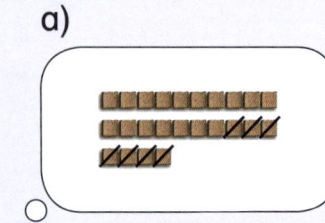

24 − 7 = _17_
   / \
  4   3

26 − 9 = ____
   / \
 __ − __

76 − 8 = ____
   / \
 __ − __

32 − 5 = ____
   / \
 __ − __

b)

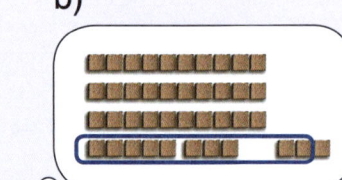

38 + 3 = _41_
   / \
  2   1

77 + 5 = ____
   / \
 __ − __

46 + 6 = ____
   / \
 __ − __

35 + 7 = ____
   / \
 __ − __

Zahlenzauber 2 – Arbeitsheft © 2016 Cornelsen Schulverlage GmbH, Berlin. Alle Rechte vorbehalten.

1 Setze die Zahlenfolgen fort.

a) 37, 40, _____, _____, _____, _____, _____, 58

b) 81, 79, _____, _____, _____, _____, _____, 67

c) 100, 95, _____, _____, _____, _____, _____, 65

2 Plusaufgaben bis 100

a) 34 + 43 = _____

62 + 17 = _____

23 + 57 = _____

41 + 37 = _____

59 + 21 = _____

b) 38 + 27 = _____

43 + 19 = _____

55 + 36 = _____

28 + 65 = _____

77 + 18 = _____

c) 49 + 27 = _____

23 + 68 = _____

37 + 53 = _____

74 + 19 = _____

86 + 14 = _____

3 Minusaufgaben bis 100

a) 78 – 23 = _____

46 – 15 = _____

88 – 54 = _____

36 – 21 = _____

69 – 12 = _____

b) 63 – 38 = _____

74 – 16 = _____

91 – 72 = _____

35 – 18 = _____

42 – 26 = _____

c) 98 – 29 = _____

76 – 67 = _____

45 – 16 = _____

51 – 35 = _____

37 – 22 = _____

4 Welche Termine hat Paula im Februar?

Geburtstag
Papa: _Donnerstag, 4.2._ _____

Schlitten
fahren: _____

Besuch
Felix: _____

Theater: _____

Flöte: _____

_____

Zahlenzauber 2 – Arbeitsheft © 2016 Cornelsen Schulverlage GmbH, Berlin. Alle Rechte vorbehalten.

① Kreise mit der entsprechenden Farbe ein.

 Würfel Quader  Kugel

 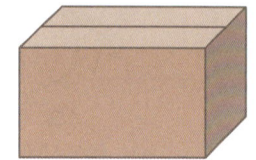   

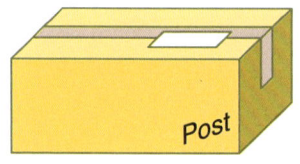  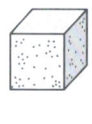 

Welche Dinge bleiben übrig? Beschreibe sie.

② Färbe Würfel blau.

Färbe Quader grün.

Färbe Kugeln rot.

  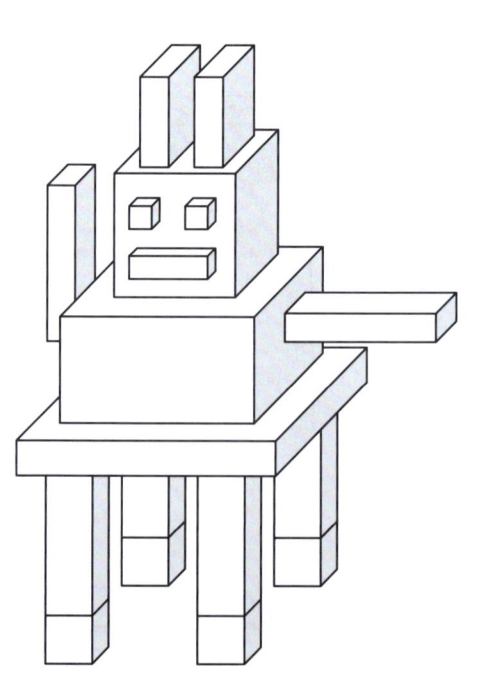

Zahlenzauber 2 – Arbeitsheft © 2016 Cornelsen Schulverlage GmbH, Berlin. Alle Rechte vorbehalten.

1 Verbinde und rechne.

Simsala und Bim backen Lebkuchen.
Simsala formt 20 und Bim 16 Stück.
Eulalia bringt noch 18 Lebkuchen mit.

Zu einer Frage passen
2 Rechnungen.

Wie viele Lebkuchen backen Simsala und Bim zusammen?	Wie viele Lebkuchen bringt Eulalia mit?	Wie viele Lebkuchen haben Simsala, Bim und Eulalia insgesamt?

36 + 18 = _____   20 + 16 = _____   20 + 16 + 18 = _____   18

2 a) Streiche die Sätze und Wörter weg,
die du zum Rechnen nicht brauchst.

b) Schreibe Fragen zum Text
von a) auf.

Simsala sitzt am Fensterbrett.
Sie zaubert aus ihrem Zauberhut 100 Nüsse.
Danach ruht sie sich aus.
Dann schenkt sie Bim 25 Nüsse.
Eulalia gibt sie ebenfalls 25 Nüsse.
Nun isst Simsala noch 6 Nüsse auf.
Danach legt sie sich ins Bett.

_____

_____

_____

_____

_____

c) Bei welchen Fragen musst du rechnen? Färbe sie.
Verbinde sie mit der passenden Rechnung.

Wie viele Nüsse schenkt Simsala Eulalia?	Wie viele Nüsse verschenkt Simsala insgesamt?	Wie viele Nüsse zaubert Simsala aus dem Hut?	Wie viele Nüsse nimmt Simsala insgesamt weg?

25 – 6 = _____   25 + 25 + 6 = _____   25 + 25 = _____   100 – 25 = _____

d) Wie viele Nüsse hat Simsala noch übrig?
Rechne und antworte.

A: _____

_____

Zahlenzauber 2 – Arbeitsheft © 2016 Cornelsen Schulverlage GmbH, Berlin. Alle Rechte vorbehalten.

Zahlenmauern

① Rechne.

a)

| 12 | 23 | 34 | | 26 | 14 | 42 | | 45 | 7 | 18 | | 41 | 25 | 13 |

b)

| 23 | 16 | 24 | | 0 | 40 | 19 | | 25 | 25 | 25 | | 37 | 18 | 9 |

Zeichne und rechne selbst Zahlenmauern in deinem 📖.

② Ergänze die fehlenden Zahlen.

78 / 64 / 12 — 63 / 21 / 13 — 82 / 52 / 18 — 99 / 28 / 20

87 / 46 / 5 — 54 / 26 / 25 — 100 / 48 / 28 — 93 / 65 / 48

96 / 35 / 41 — 73 / 44 / 32 — 99 / 63 / 32 — 100 / 75 / 23

⭐ ③ Knobelmauern

76 / 23 / 13 — 85 / 13 / 30 — 100 / 64 / 18 — 99 / 90 / 7

⭐ ④ Für Profis!

Löse erst die weißen Steine.

34 / 11 / 9 / 5

25 / 30 / 12 / 8 / 11

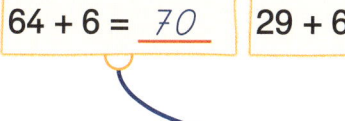
① Verbinde die Rechnungen mit dem gleichen Ergebnis.

| 64 + 6 = _70_ | 29 + 6 = ____ | 12 + 88 = ____ | 15 + 17 = ____ | 42 + 42 = ____ |

| 49 + 51 = ____ | 36 + 34 = ____ | 16 + 16 = ____ | 12 + 23 = ____ | 30 + 54 = ____ |

② Verbinde die Rechnungen mit dem gleichen Ergebnis.

| 81 – 50 = ____ | 100 – 24 = ____ | 80 – 25 = ____ | 99 – 66 = ____ | 24 – 23 = ____ |

| 61 – 6 = ____ | 89 – 88 = ____ | 40 – 9 = ____ | 82 – 6 = ____ | 63 – 30 = ____ |

③ Welche Zahl fehlt?

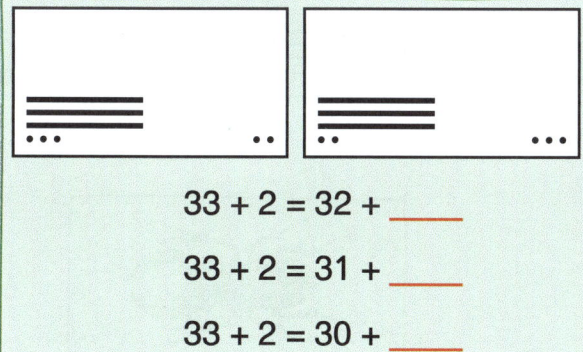

33 + 2 = 32 + ____

33 + 2 = 31 + ____

33 + 2 = 30 + ____

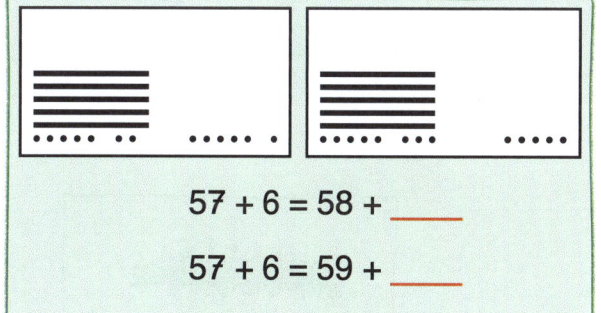

57 + 6 = 58 + ____

57 + 6 = 59 + ____

57 + 6 = 60 + ____

④ Plusaufgaben verändern:

58 + 17

Ich rechne 60 + 15.
Das ist leichter.

58 + 17 = 60 + 15 = ____

a) 48 + 26 = 50 + 24   = ____

69 + 25 = 70 + ____ = ____

37 + 55 = 40 + ____ = ____

b) 68 + 17 = 70 + ____ = ____

29 + 47 = 30 + ____ = ____

78 + 24 = 80 + ____ = ____

Zahlenzauber 2 – Arbeitsheft © 2016 Cornelsen Schulverlage GmbH, Berlin. Alle Rechte vorbehalten.

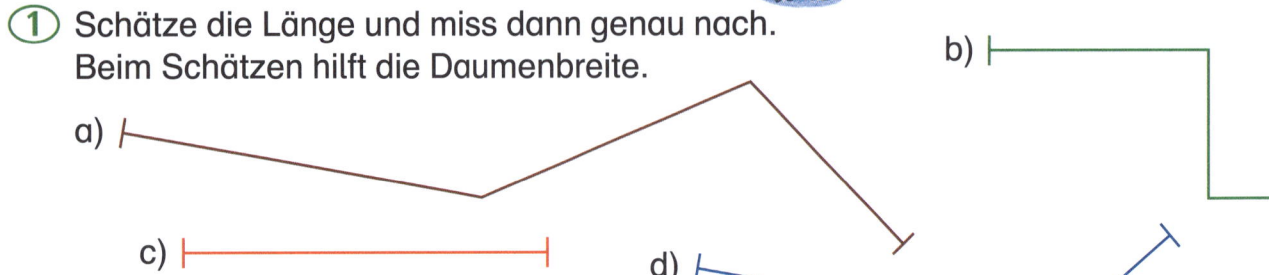
1 Schätze die Länge und miss dann genau nach.
Beim Schätzen hilft die Daumenbreite.

a)

b)

c)

d)

e)

	geschätzt	gemessen	Unterschied
a)			
b)			
c)			
d)			
e)			

2 Diese Tiere sind verkleinert dargestellt. Wie groß sind die Tiere wirklich? Zeichne.

Bei Schmetterlingen und Libellen wird die Flügelspannweite gemessen, bei Käfern und Raupen die Körperlänge.

Perlmuttfalter: 4 cm

Raupe des
Bärenfalters: 6 cm

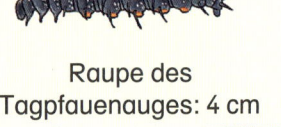

Raupe des
Tagpfauenauges: 4 cm

Hirschkäfer: 7 cm

Königslibelle: 10 cm

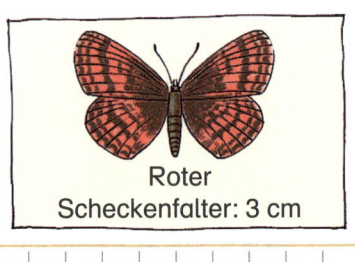

Roter
Scheckenfalter: 3 cm

Zahlenzauber 2 – Arbeitsheft © 2016 Cornelsen Schulverlage GmbH, Berlin. Alle Rechte vorbehalten.

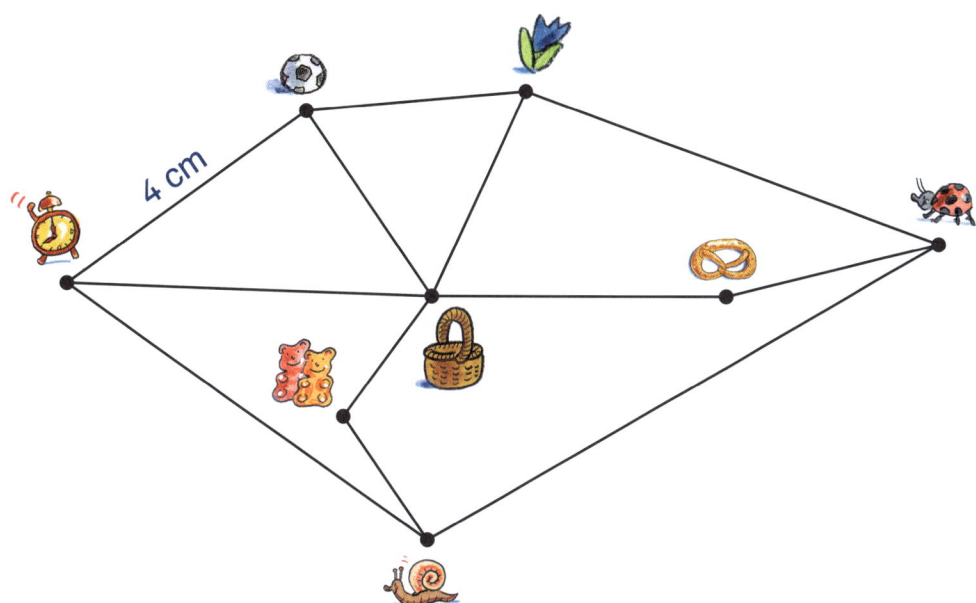
1 Miss die Strecken und trage die Längen in die Zeichnung ein.

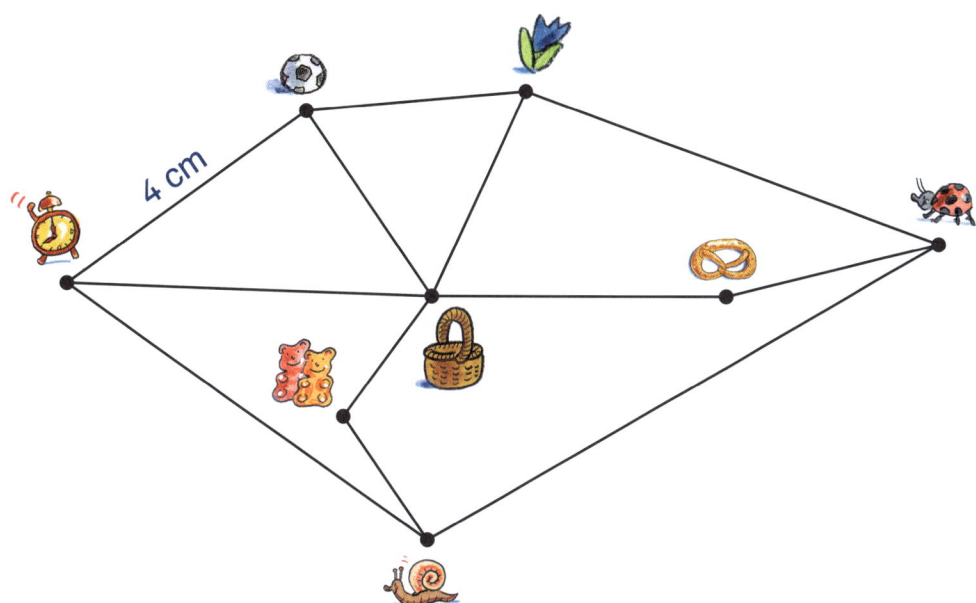

4 cm

2 Wie lang ist die kürzeste Strecke? Trage ein.

_____ cm

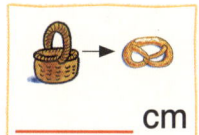

_____ cm

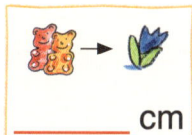

_____ cm

_____ cm

3 Verlängere die Strecken um 2 cm.
Schreibe die Rechnung daneben. Wie lang ist die Strecke jetzt?

a) ├────────────────┤───────┤   6 cm + 2 cm = _____ cm

b) ├────────────────────────┤············

c) ├────────────────────────┤············

d) ├──────────────┤···············

4 Ergänze auf 1 m.

1 m sind _____ cm.

50 cm + _____ cm = 1 m   25 cm + _____ cm = 1 m

99 cm + _____ cm = 1 m   14 cm + _____ cm = 1 m

63 cm + _____ cm = 1 m   80 cm + _____ cm = 1 m

46 cm + _____ cm = 1 m   1 cm + _____ cm = 1 m

Zahlenzauber 2 – Arbeitsheft © 2016 Cornelsen Schulverlage GmbH, Berlin. Alle Rechte vorbehalten.

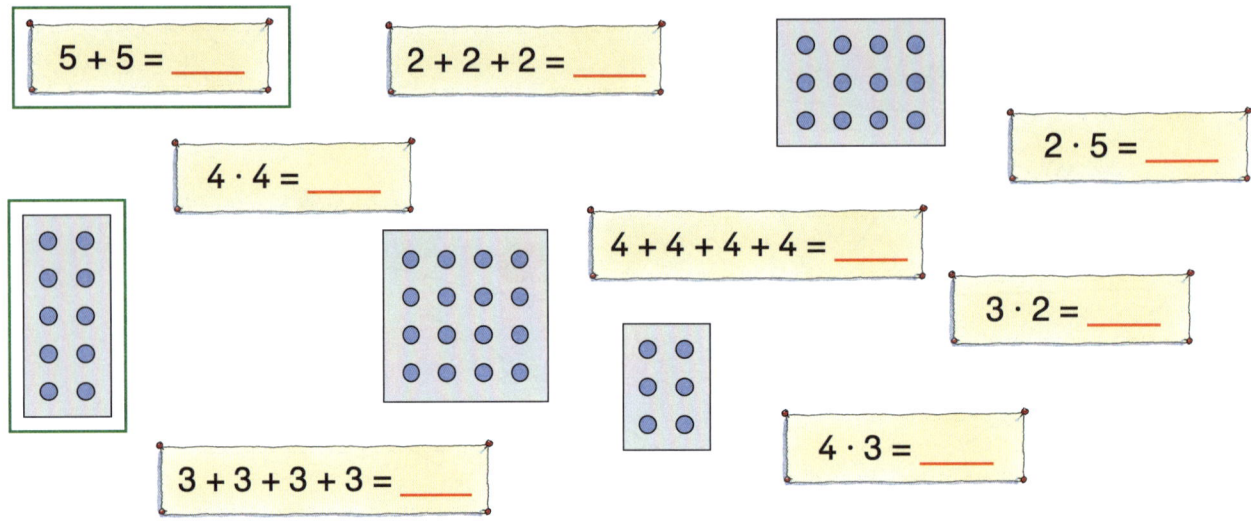

① Immer 3 Karten passen zusammen. Rahme sie mit der gleichen Farbe ein.

$5 + 5 =$ _____

$2 + 2 + 2 =$ _____

$2 \cdot 5 =$ _____

$4 \cdot 4 =$ _____

$4 + 4 + 4 + 4 =$ _____

$3 \cdot 2 =$ _____

$3 + 3 + 3 + 3 =$ _____

$4 \cdot 3 =$ _____

② Male Punktebilder zur Geschichte. Schreibe Plus- und Malrechnungen auf.

a) Bim geht 4-mal zum Birnbaum.
   Er holt jedes Mal 2 Birnen.
   Wie viele Birnen sind das?

b) Simsala geht 3-mal in den Garten.
   Sie holt jedes Mal 6 Rüben.
   Wie viele Rüben sind das?

③ Schreibe Plus- und Malaufgaben auf. Rechne.

$\underline{4} + \underline{4} + \underline{4} =$ _____

_____ $\cdot$ _____ $=$ _____

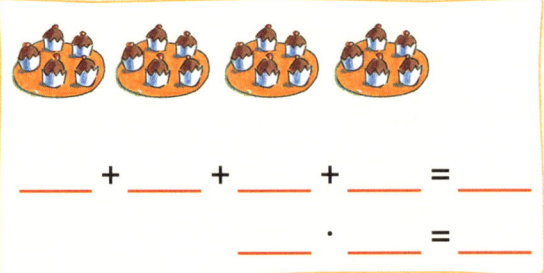

_____ $+$ _____ $+$ _____ $+$ _____ $=$ _____

_____ $\cdot$ _____ $=$ _____

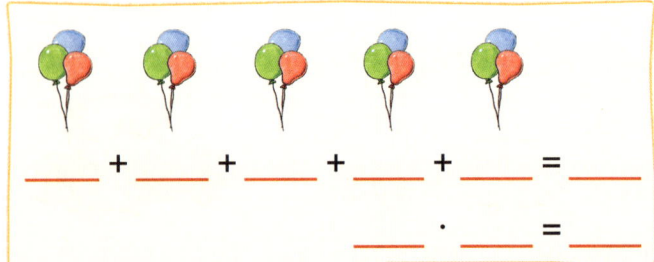

_____ $+$ _____ $+$ _____ $+$ _____ $=$ _____

_____ $\cdot$ _____ $=$ _____

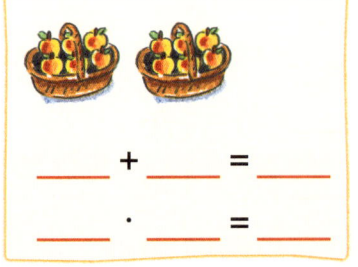

_____ $+$ _____ $=$ _____

_____ $\cdot$ _____ $=$ _____

Zahlenzauber 2 – Arbeitsheft © 2016 Cornelsen Schulverlage GmbH, Berlin. Alle Rechte vorbehalten.

1 Welche Aufgaben passen zu den Bildern? Verbinde und rechne.

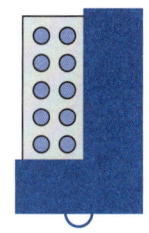 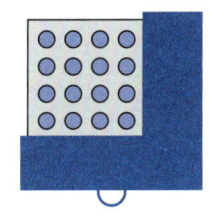 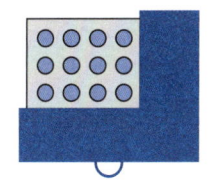 

4 · 3 = _____   4 · 4 = _____   5 · 2 = _____

2 · 5 = _____   3 · 4 = _____   5 · 1 = _____   1 · 5 = _____

2 Schreibe Aufgabe und Tauschaufgabe auf.

a) 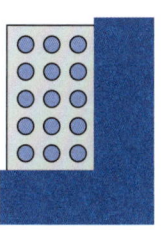 b) 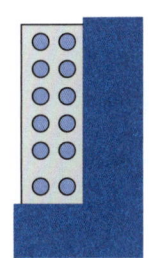 c) 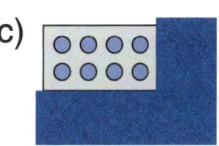 d)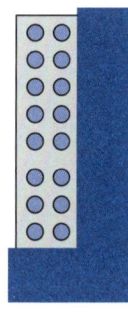

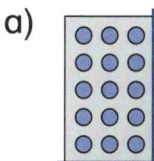 _3_ · _5_ = ___   ___ · ___ = ___   ___ · ___ = ___   ___ · ___ = ___

_5_ · _3_ = ___   ___ · ___ = ___   ___ · ___ = ___   ___ · ___ = ___

e) 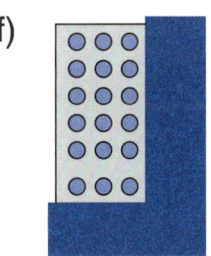 f) 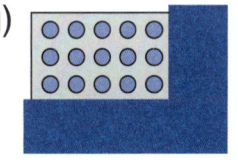 g) h)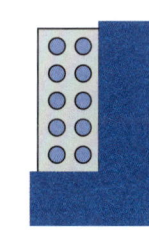

___ · ___ = ___   ___ · ___ = ___   ___ · ___ = ___   ___ · ___ = ___

___ · ___ = ___   ___ · ___ = ___   ___ · ___ = ___   ___ · ___ = ___

3 Diese Ergebnisse solltest du dir merken. Verbinde Rechnung und Ergebnis.

a)
7 · 7	9
6 · 6	49
3 · 3	36

b)
8 · 8	16
4 · 4	64
9 · 9	81

c)
5 · 5	4
10 · 10	100
2 · 2	25

Zahlenzauber 2 – Arbeitsheft © 2016 Cornelsen Schulverlage GmbH, Berlin. Alle Rechte vorbehalten.

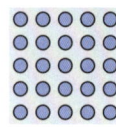

eine Reihe weg   eine Reihe dazu

① Wie heißen die veränderten Aufgaben?

a) Rechne.

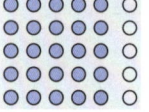

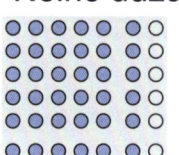

5 · 5 = ____   6 · 6 = ____

| 1 Reihe dazu | 1 Reihe weg | 1 Reihe dazu | 1 Reihe weg |

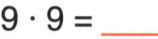

6 · ____   ____   ____   ____

b) Zeichne und rechne.

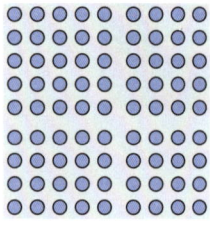

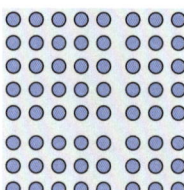

9 · 9 = ____   8 · 8 = ____

| 1 Reihe dazu | 1 Reihe weg | 1 Reihe dazu | 1 Reihe weg |

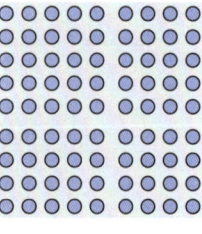

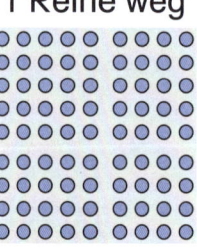

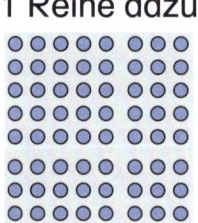

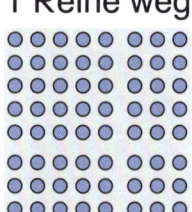

____   ____   ____   ____

② Verändere die Quadrataufgaben.

a) Eine Reihe dazu:

| 5 · 5 = __ | 4 · 4 = __ | 7 · 7 = __ | 9 · 9 = __ | 3 · 3 = __ |
| 6 · 5 = __ | 5 · 4 = __ | __ · __ = __ | __ · __ = __ | __ · __ = __ |

b) Eine Reihe weg:

| 8 · 8 = __ | 10 · 10 = __ | 9 · 9 = __ | 4 · 4 = __ | 7 · 7 = __ |
| 7 · 8 = __ | 9 · 10 = __ | __ · __ = __ | __ · __ = __ | __ · __ = __ |

Zahlenzauber 2 – Arbeitsheft © 2016 Cornelsen Schulverlage GmbH, Berlin. Alle Rechte vorbehalten.

Verdoppeln ist auch Malnehmen

1 Verbinde Plus- und Malaufgabe.

a)
9 + 9 = ____   2 · 4 = ____

6 + 6 = ____   2 · 9 = ____

4 + 4 = ____   2 · 6 = ____

5 + 5 = ____   2 · 5 = ____

b)
3 + 3 = ____   2 · 10 = ____

8 + 8 = ____   2 · 8 = ____

7 + 7 = ____   2 · 3 = ____

10 + 10 = ____   2 · 7 = ____

2 Malaufgaben mit 2

a) 2 · 6 = ____   b) 2 · 8 = ____   c) 2 · 4 = ____   d) 7 · 2 = ____

2 · 7 = ____   2 · 9 = ____   2 · 5 = ____   8 · 2 = ____

2 · 8 = ____   2 · 10 = ____   2 · 6 = ____   9 · 2 = ____

3 Welche Malaufgabe mit 2 hilft?

a)
3 · 5 = ____
2 · 5 = ____

b)
3 · 8 = ____
2 · __ = ____

c)
3 · 7 = ____
__ · __ = ____

Nachbaraufgaben!

d)
3 · 4 = ____
__ · __ = ____

e)
3 · 9 = ____
__ · __ = ____

f)
3 · 6 = ____
__ · __ = ____

4 Kreise immer eine Aufgabe, ihre Tauschaufgabe und das Ergebnis in der gleichen Farbe ein.

2 · 0   2 · 7

2 · 6   2 · 8   2 · 9

6 · 2   2 · 2   1 · 2   2 · 1   2 · 5   2 · 10

2 · 3   4 · 2

7 · 2   5 · 2   2 · 4   3 · 2

8 · 2   9 · 2   10 · 2

0 · 2   2 · 2

0 1 2 3 4 5 6 7 8 9 10 11 12 13 14 15 16 17 18 19 20

Zahlenzauber 2 – Arbeitsheft © 2016 Cornelsen Schulverlage GmbH, Berlin. Alle Rechte vorbehalten.

Malaufgaben mit 10

1 Malaufgaben mit 10

1 · 10 = ____   7 · 10 = ____   10 · 9 = ____   10 · 10 = ____

3 · 10 = ____   6 · 10 = ____   10 · 8 = ____   10 · 2 = ____

5 · 10 = ____   4 · 10 = ____   10 · 7 = ____   10 · 0 = ____

2 Verändere Malaufgaben mit 10 und rechne.

a)

10 · 5 = ____   10 · 9 = ____   10 · 7 = ____   10 · 2 = ____   10 · 3 = ____

9 · 5 = ____   9 · 9 = ____   9 · 7 = ____   9 · 2 = ____   9 · 3 = ____

b)

10 · 6 = ____   10 · 10 = ____   10 · 4 = ____   10 · 8 = ____

9 · 6 = ____   9 · 10 = ____   9 · 4 = ____   9 · 8 = ____

3 Die Nachbaraufgabe mit 10 hilft. Schreibe auf und rechne.

9 · 8 = ____   9 · 6 = ____   9 · 7 = ____   9 · 4 = ____   9 · 3 = ____

10 · 8 = ____   ___ · ___ = ____   ___ · ___ = ____   ___ · ___ = ____   ___ · ___ = ____

4 Welche Bälle gehören in welchen Korb? Verbinde.

Zahlenzauber 2 – Arbeitsheft © 2016 Cornelsen Schulverlage GmbH, Berlin. Alle Rechte vorbehalten.

① Suche zu jeder ⟨·10⟩ Aufgabe die passende ⟨·5⟩ Aufgabe. Verbinde und rechne.
Was fällt dir auf?

a)

| 3 · 10 = _____ | | 5 · 5 = _____ |

| 5 · 10 = _____ | | 4 · 5 = _____ |

| 4 · 10 = _____ | | 3 · 5 = _____ |

b)

| 9 · 10 = _____ | | 6 · 5 = _____ |

| 8 · 10 = _____ | | 9 · 5 = _____ |

| 6 · 10 = _____ | | 8 · 5 = _____ |

② Rechne.

a) 2 · 5 = _____
   4 · 5 = _____
   3 · 5 = _____

b) 6 · 5 = _____
   5 · 5 = _____
   10 · 5 = _____

c) 1 · 5 = _____
   8 · 5 = _____
   7 · 5 = _____

d) 9 · 5 = _____
   0 · 5 = _____
   1 · 5 = _____

③ Nachbaraufgaben

a) 5 · 5 = _____
   6 · 5 = _____
   7 · 5 = _____

b) 8 · 5 = _____
   9 · 5 = _____
   10 · 5 = _____

c) 2 · 5 = _____
   3 · 5 = _____
   4 · 5 = _____

④ Schreibe Malaufgaben zu diesen Ergebnissen auf.

20

_2_ · _10_ = 20
_10_ · _2_ = 20
_____ · _____ = 20
_____ · _____ = 20

40

_____ · _____ = _____
_____ · _____ = _____
_____ · _____ = _____
_____ · _____ = _____

30

_____ · _____ = _____
_____ · _____ = _____
_____ · _____ = _____
_____ · _____ = _____

45

_____ · _____ = _____
_____ · _____ = _____
_____ · _____ = _____
_____ · _____ = _____

Zahlenzauber 2 – Arbeitsheft © 2016 Cornelsen Schulverlage GmbH, Berlin. Alle Rechte vorbehalten.

① Kernaufgaben aus der Einmaleinstabelle

·2	2·
1 · 2 = ___	2 · 1 = ___
2 · 2 = ___	2 · 2 = ___
3 · 2 = ___	2 · __ = ___
4 · 2 = ___	
5 · 2 = ___	
6 · 2 = ___	
7 · 2 = ___	
8 · 2 = ___	
9 · 2 = ___	
10 · 2 = ___	

·5	5·
1 · 5 = ___	5 · 1 = ___
2 · 5 = ___	5 · 2 = ___
3 · 5 = ___	5 · __ = ___
4 · 5 = ___	
5 · 5 = ___	
6 · 5 = ___	
7 · 5 = ___	
8 · 5 = ___	
9 · 5 = ___	
10 · 5 = ___	

Lerne sie auswendig. Du musst sie im Schlaf können!

·10	10·
1 · 10 = ___	10 · 1 = ___
2 · 10 = ___	10 · 2 = ___
3 · 10 = ___	10 · __ = ___
4 · 10 = ___	
5 · 10 = ___	
6 · 10 = ___	
7 · 10 = ___	
8 · 10 = ___	
9 · 10 = ___	
10 · 10 = ___	

$$1 \cdot 2 = 2$$
$$2 \cdot 2 = 4$$

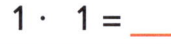

Quadrataufgaben

1 · 1 = ___
2 · 2 = ___
3 · 3 = ___
4 · 4 = ___
5 · 5 = ___
6 · 6 = ___
7 · 7 = ___
8 · 8 = ___
9 · 9 = ___
10 · 10 = ___

Was ist hier mit den Tauschaufgaben?

② Kernaufgaben üben

a) 7 · 10 = ___
   3 · 5 = ___
   8 · 2 = ___
   9 · 9 = ___

b) 5 · 4 = ___
   4 · 2 = ___
   6 · 6 = ___
   2 · 7 = ___

c) 6 · 2 = ___
   8 · 5 = ___
   7 · 7 = ___
   5 · 9 = ___

d) 5 · 5 = ___
   9 · 2 = ___
   10 · 8 = ___
   8 · 8 = ___

Zahlenzauber 2 – Arbeitsheft © 2016 Cornelsen Schulverlage GmbH, Berlin. Alle Rechte vorbehalten.

Welche Aufgaben sind hier zusammengesetzt worden?
Schreibe sie auf und rechne.

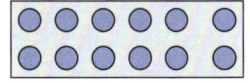

$2 \cdot 6 = 12$

$2 \cdot 6 = 12$

$4 \cdot 6 =$ ____

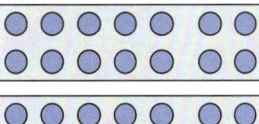

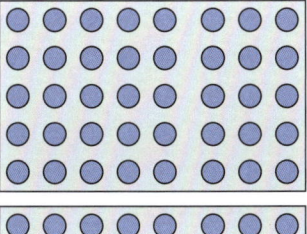

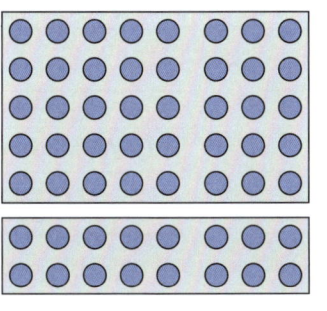

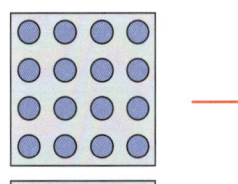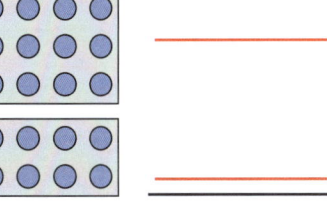

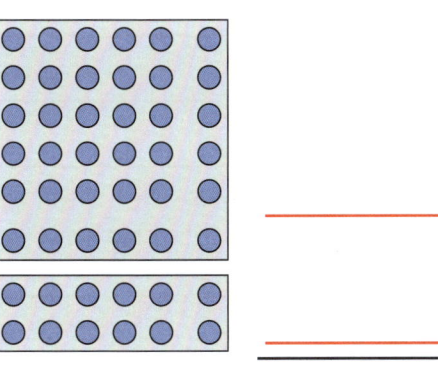

Zahlenzauber 2 – Arbeitsheft © 2016 Cornelsen Schulverlage GmbH, Berlin. Alle Rechte vorbehalten.

Es gibt mehrere Möglichkeiten.

1 Verbinde.

	Die Schuhe von Michael, Clara und Maximilian stehen vor der Tür.		Maria hat 3 Deutschhefte und 2 Mathematikhefte.

$3 \cdot 2 =$ _____ $2 \cdot 3 =$ _____ $3 + 2 =$ _____ $3 - 2 =$ _____

2 Schreibe die Rechnungen zu den Bildern auf.

a)

5 Bücher?

_____

6 Bücher?

_____

b)

Reifenwechsel

6 Autos?

_____

5 Autos?

_____

c)

4 Türme?

_____

9 Türme?

_____

d)

JANUAR

MO DI MI DO FR SA SO
1 2 3 4 5 6 7

3 Wochen?

_____

6 Wochen?

_____

3 Malaufgabe gesucht:
Färbe sie im Bild und schreibe die Aufgabe in derselben Farbe auf.

$4 \cdot 2 = 8$

_____

_____

_____

_____

_____

Zahlenzauber 2 – Arbeitsheft © 2016 Cornelsen Schulverlage GmbH, Berlin. Alle Rechte vorbehalten.

① Zeichne die Symmetrieachsen farbig ein.

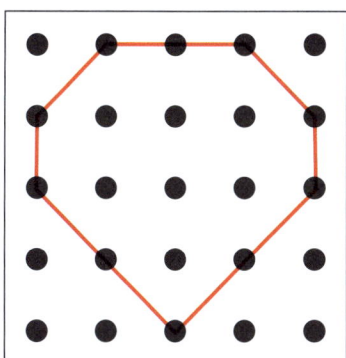 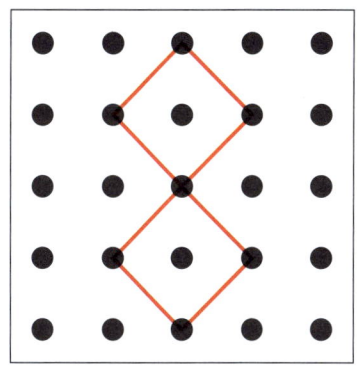 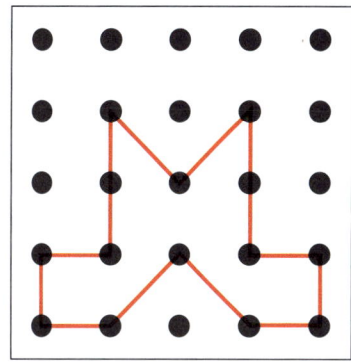

② Zeichne ein: Mache aus dem Quadrat …

… 4 Quadrate … 4 Dreiecke … 4 Rechtecke

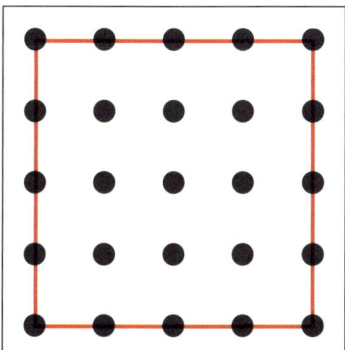 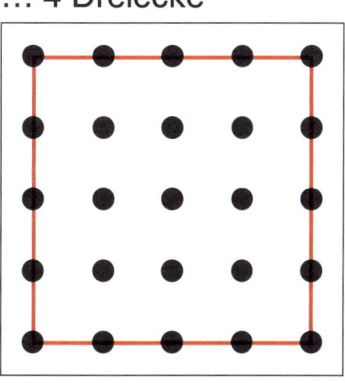 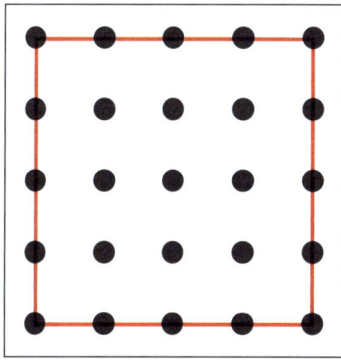

③ Spanne die Figuren nach. Welche Fläche ist die größte? Male sie an.

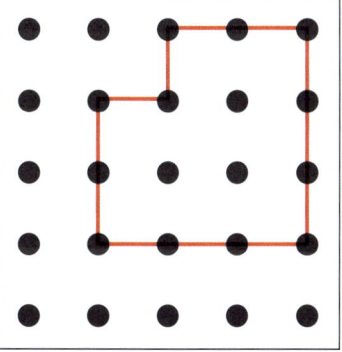 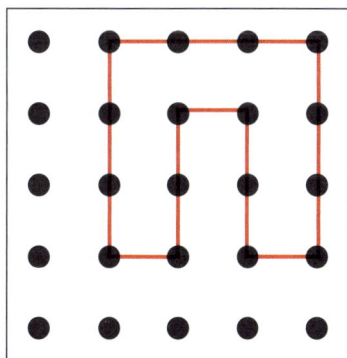 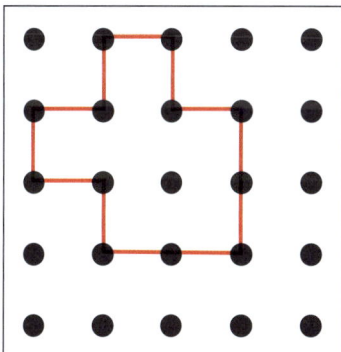

Fläche: _____ ☐ Fläche: _____ ☐ Fläche: _____ ☐

④ Überlege zuerst: Was entsteht, wenn du die Punkte verbindest? Überprüfe dann.

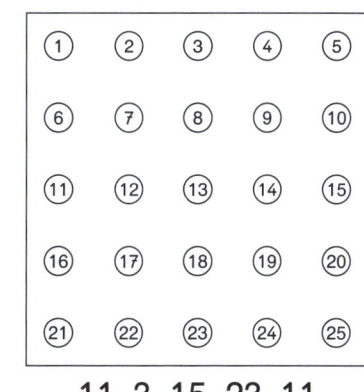

1, 16, 19, 4, 1   11, 3, 15, 23, 11   6, 2, 20, 24, 6

Zahlenzauber 2 – Arbeitsheft © 2016 Cornelsen Schulverlage GmbH, Berlin. Alle Rechte vorbehalten.

1 a) Clara wählt beim Spiel mit 2 Würfeln die Ergebniszahl 9 .
   Mit welchen Würfelergebnissen erreicht sie 9? Zeichne die Würfelpunkte.

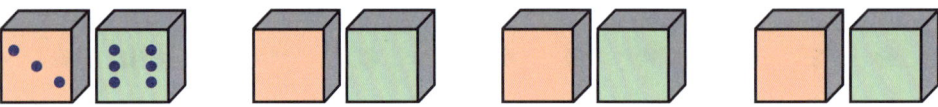

b) Elias wählt die Ergebniszahl 6.

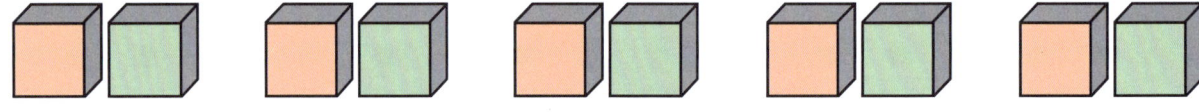

c) Wer hat eine größere Gewinnchance? Begründe.

_____

_____

_____

2 Spiele mit 2 Würfeln.
  Kann das sein? Kreuze an.

	stimmt	stimmt nicht
Mit dem Ergebnis 7 gewinne ich immer.	☐	☐
Das Ergebnis 12 gibt es nicht.	☐	☐
Es gibt mehr Möglichkeiten, das Ergebnis 6 zu würfeln als das Ergebnis 4.	☐	☐
Das Ergebnis 20 gibt es nicht.	☐	☐
Es ist möglich, ein gerades Ergebnis zu würfeln.	☐	☐
Wenn man ein gerades Ergebnis gewürfelt hat, würfelt man danach immer ein ungerades Ergebnis.	☐	☐
Es gibt 3 Möglichkeiten, das Ergebnis 4 zu würfeln.	☐	☐

⭐ 3 Welche Ergebniszahl würdest du beim Spiel mit 2 Würfeln nicht wählen?
   Begründe.

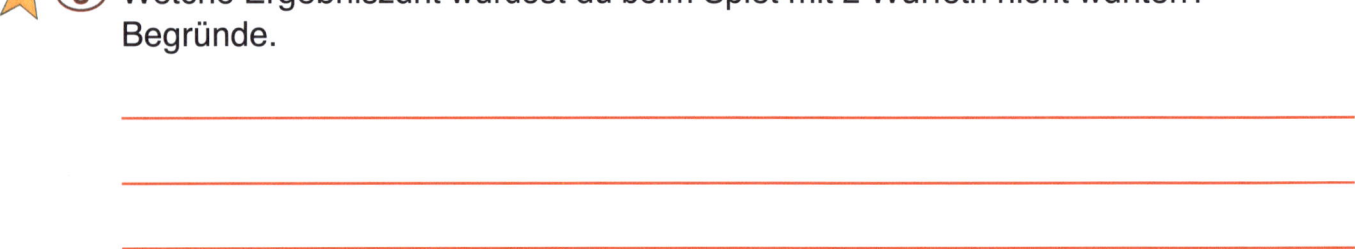

_____

_____

_____

_____

58

Zahlenzauber 2 – Arbeitsheft © 2016 Cornelsen Schulverlage GmbH, Berlin. Alle Rechte vorbehalten.

1 Schreibe beide Malaufgaben auf.

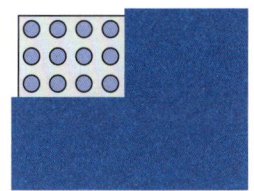 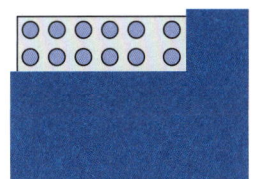 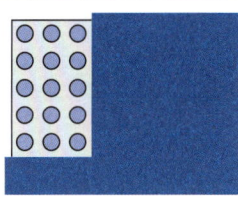 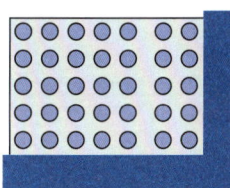

$3 \cdot 4 = 12$ _____   _____   _____

$4 \cdot 3 =$ _____   _____   _____

2 Quadrataufgaben

$3 \cdot 3 =$ ____ $6 \cdot 6 =$ ____ $4 \cdot 4 =$ ____ $9 \cdot 9 =$ ____

$5 \cdot 5 =$ ____ $8 \cdot 8 =$ ____ $7 \cdot 7 =$ ____ $0 \cdot 0 =$ ____

3 Malaufgaben mit 2

$2 \cdot 4 =$ ____ $5 \cdot 2 =$ ____ $2 \cdot 9 =$ ____ $10 \cdot 2 =$ ____

$2 \cdot 6 =$ ____ $3 \cdot 2 =$ ____ $2 \cdot 7 =$ ____ $8 \cdot 2 =$ ____

4 Malaufgaben mit 5

$5 \cdot 6 =$ ____ $1 \cdot 5 =$ ____ $5 \cdot 7 =$ ____ $8 \cdot 5 =$ ____

$5 \cdot 0 =$ ____ $4 \cdot 5 =$ ____ $5 \cdot 3 =$ ____ $9 \cdot 5 =$ ____

5 Malaufgaben mit 10

$10 \cdot 2 =$ ____ $7 \cdot 10 =$ ____ $10 \cdot 1 =$ ____ $0 \cdot 10 =$ ____

$10 \cdot 6 =$ ____ $9 \cdot 10 =$ ____ $10 \cdot 3 =$ ____ $5 \cdot 10 =$ ____

6 Nachbaraufgaben

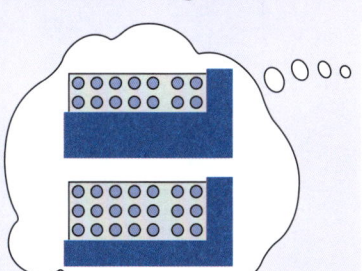

$2 \cdot 7 = $ _14_ $2 \cdot 9 =$ ____ $10 \cdot 7 =$ ____

$3 \cdot 7 =$ ____ $3 \cdot 9 =$ ____ $9 \cdot 7 =$ ____

$6 \cdot 6 =$ ____ $5 \cdot 8 =$ ____ $10 \cdot 4 =$ ____

$7 \cdot 6 =$ ____ $6 \cdot 8 =$ ____ $9 \cdot 4 =$ ____

Zahlenzauber 2 – Arbeitsheft © 2016 Cornelsen Schulverlage GmbH, Berlin. Alle Rechte vorbehalten.

1 Kreise mit der entsprechenden Farbe ein. ✏ Würfel ✏ Quader ✏ Kugel

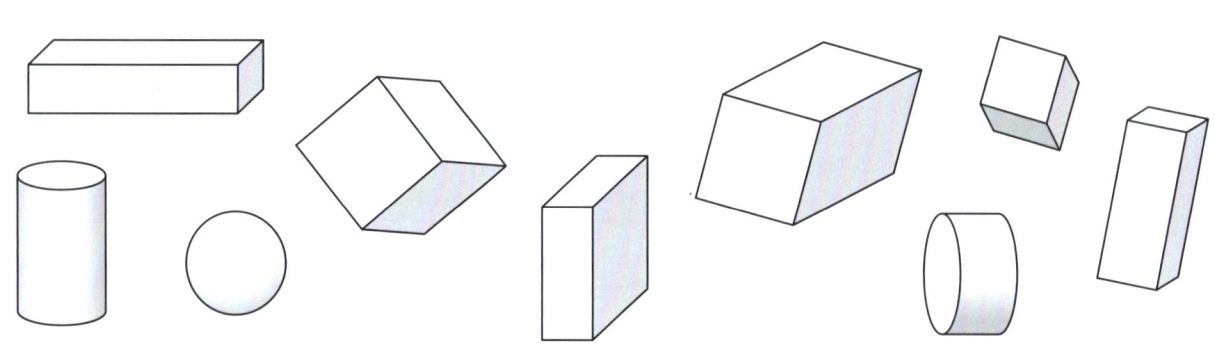

Es bleiben Formen übrig.

2 Schätze die Längen und verbinde.

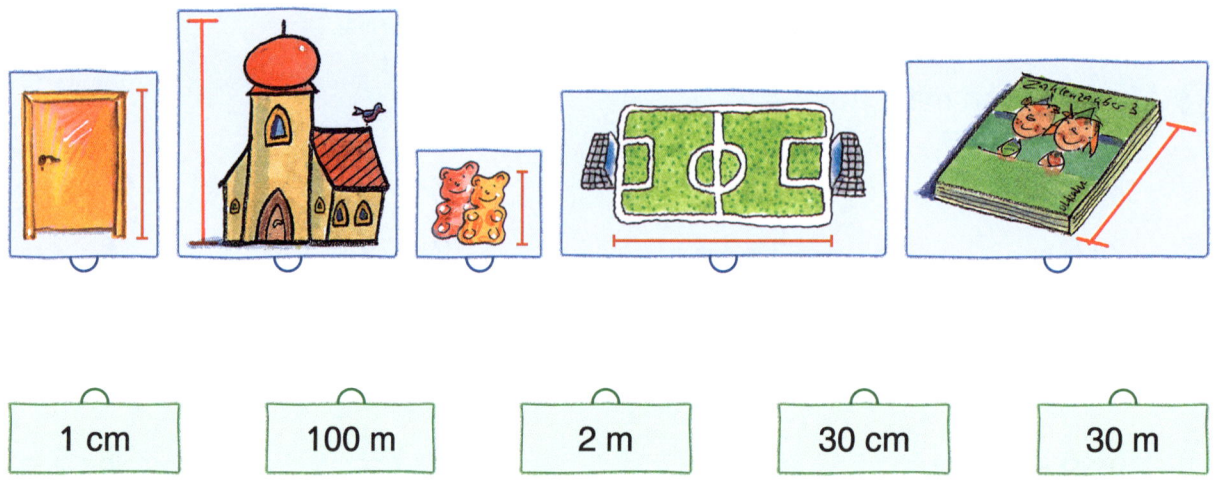

| 1 cm | 100 m | 2 m | 30 cm | 30 m |

3 Spiele mit 3 Würfeln.

a) Welches ist das kleinste Ergebnis?

Welches ist das größte Ergebnis?
Trage ein.

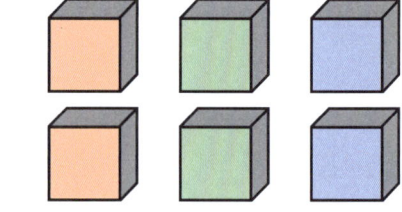

b) Kann das sein? Kreuze an ☒.

                                                    stimmt   stimmt nicht

Das Ergebnis 18 gibt es nicht. ☐ ☐

Es gibt drei Möglichkeiten, das Ergebnis 4 zu würfeln. ☐ ☐

Es gibt mehr Möglichkeiten, das Ergebnis 3 zu
würfeln als das Ergebnis 6. ☐ ☐

Es gibt weniger Möglichkeiten, das Ergebnis 17 zu
würfeln als das Ergebnis 11. ☐ ☐

Zahlenzauber 2 – Arbeitsheft © 2016 Cornelsen Schulverlage GmbH, Berlin. Alle Rechte vorbehalten.

① Zähle das Geld.

a)

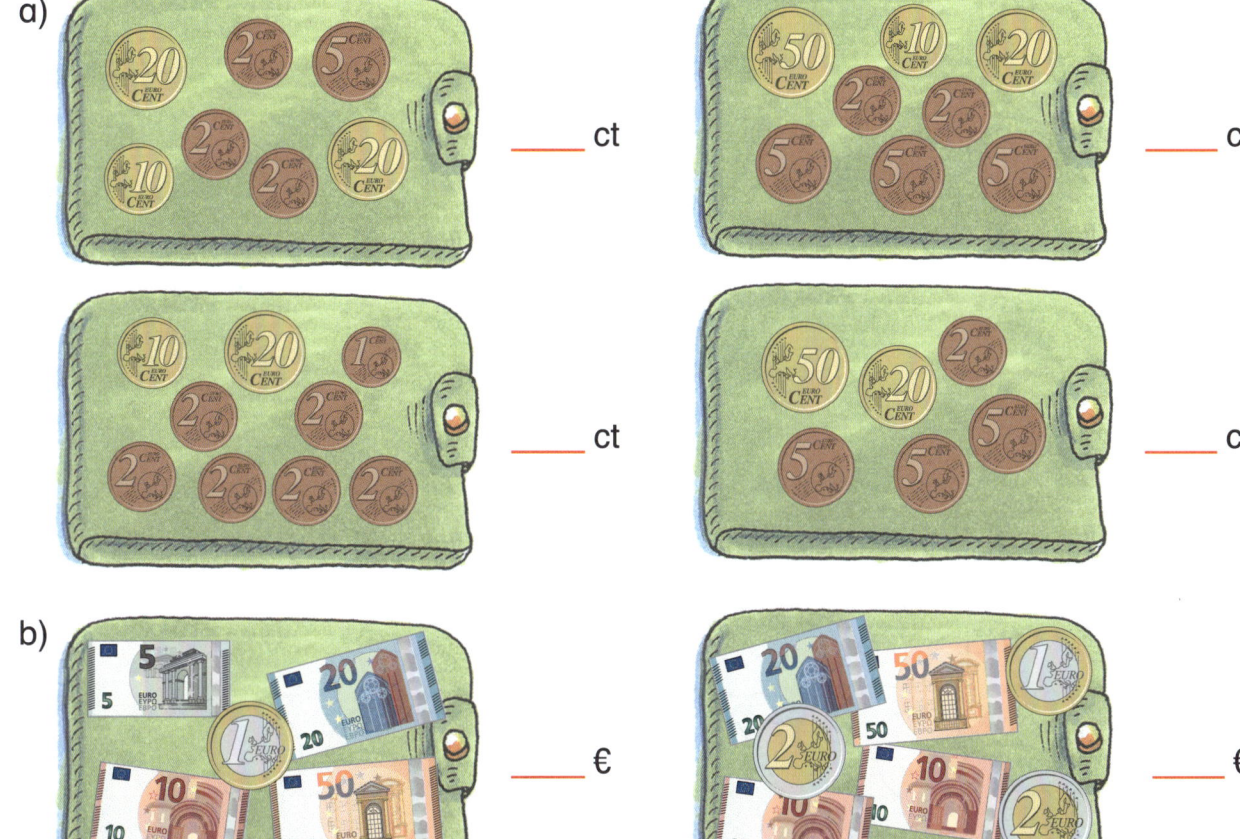

_____ ct

_____ ct

_____ ct

_____ ct

b)

_____ €

_____ €

_____ €

_____ €

c) Schreibe die Geldbeträge von a) und b) geordnet auf. Beginne mit dem kleinsten Geldbetrag.

_____

② Wie viel Geld ist im Sparschwein?

_____ € _____ ct

_____ € _____ ct

_____ € _____ ct

Zahlenzauber 2 – Arbeitsheft © 2016 Cornelsen Schulverlage GmbH, Berlin. Alle Rechte vorbehalten.

① In welche Scheine und Münzen kannst du wechseln? Trage ein.

a) | 5 € | 5 € | b) ◯ ◯ ◯ ◯ ◯ ◯ ◯

c) [   ] ◯ ◯ ◯

d) [   ] ◯ ◯ ◯ ◯ ◯

②

a) [   ] [   ] [   ]   b) [   ] [   ]

c) [   ] [   ] ◯ ◯ ◯ ◯

d) [   ] ◯ ◯ ◯ ◯ ◯ ◯

③ In jeder Dose ist 1 €: Welche Münze fehlt?

④ Es sollen immer 50 € sein. Welcher Schein fehlt?

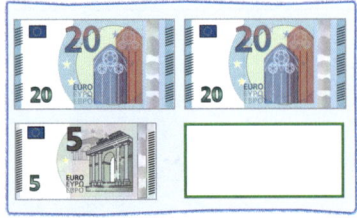  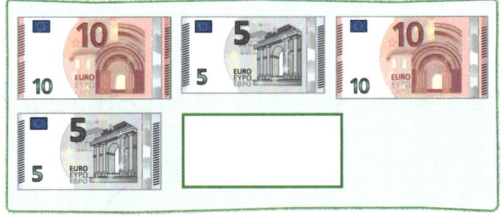

⑤ Ergänze.

a) 50 € + 20 € + 10 € + 5 € + 5 € + _____ € = 100 €

b) 50 € + 20 € + 10 € + 10 € + 5 € + _____ € = 100 €

c) 50 € + 20 € + 20 € + 10 € + _____ € = 100 €

Zahlenzauber 2 – Arbeitsheft © 2016 Cornelsen Schulverlage GmbH, Berlin. Alle Rechte vorbehalten.

① Wie könntest du diese Geldbeträge legen? Finde 2 Möglichkeiten.

Preis	2 €	1 €	50 ct	20 ct	10 ct	5 ct	2 ct	1 ct
4 € 44 ct	2	–	–	–	4	–	2	–
2 € 86 ct								
9 € 61 ct								

② Wie viel Geld bleibt übrig? Zeichne.

gespartes Geld	Wunsch	übriges Geld
50 €	18 €	2€ 20€
20 €	7 €	
100 €	25 €	
50 €	42 €	

③ Wie viel Geld fehlt noch? Zeichne.

gespartes Geld	Wunsch	fehlendes Geld
10 € 5 €	22 €	
50 € 20 € 2 € 2 €	80 €	
20 € 5 € 10 € 2 €	61 €	
2 € 1 € 10 ct 20 ct 20 ct	5 €	

Zahlenzauber 2 – Arbeitsheft © 2016 Cornelsen Schulverlage GmbH, Berlin. Alle Rechte vorbehalten.

Der Zauberkoch empfiehlt

Rattenschwanz-suppe _____ 3 €   Zaubertrank _____ 2 € 50 ct

Salat Eulalia _____ 4 € 50 ct   Holunderwein _____ 2 €

grüne Zauber-nudeln _____ 6 €   Beerenmus mit Eis _____ 5 €

lila Mäuse gegrillt _____ 8 €

① Wie hoch ist die Rechnung an jedem Tisch?

Tisch 1:

2 Holunder-wein

1 Mäuse

1 Nudeln

2 Beerenmus

Antwort: Die Rechnung beträgt _____ €.

Tisch 2:

||| Suppe

| Salat

| Zauber-trank

Antwort: _____

Tisch 3:

4 Holunder-wein

3 Beerenmus

2 Salat

Antwort: _____

② Wie hoch ist das Rückgeld? Schreibe auf.

Rechnung	gegeben	zurück
38 €	100 €	
40 € 50 ct	50 € 50 ct	
15 €	50 €	

Und was ist mit dem Trinkgeld?

Zahlenzauber 2 – Arbeitsheft © 2016 Cornelsen Schulverlage GmbH, Berlin. Alle Rechte vorbehalten.

nach links   geradeaus   nach rechts

① Zeichne und beschreibe die Wege auf dem Spielplatz.

a) Leon geht zur Brücke. Er geht _____

_____ .

b) Amelie geht zur Holzhütte. Sie _____

_____

c) Erkan geht zum Tipi. Er geht _____

_____

② a) Amelie geht ein Stück geradeaus. Was sieht sie an der nächsten Kreuzung links? Male.

b) Erkan geht ein Stück geradeaus und biegt dann rechts ab. Was sieht er rechts? Male.

③ Wo kommen die Kinder an?

a) Erkan geht ein Stück geradeaus und biegt nach links ab. _____

b) Amelie geht geradeaus und biegt dann links ab. Sie geht weiter geradeaus und biegt nochmals links ab. _____

c) Leon geht geradeaus, biegt rechts ab und dann noch mal rechts. _____

Zahlenzauber 2 – Arbeitsheft © 2016 Cornelsen Schulverlage GmbH, Berlin. Alle Rechte vorbehalten.

Verteilen

① Verteile gerecht und schreibe die Rechnung auf.

a)

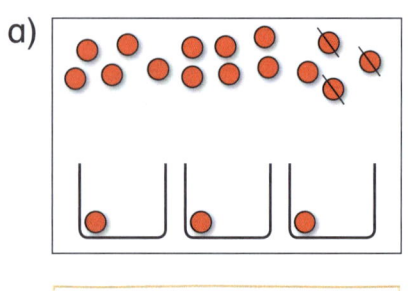

			:	3	=		

b)

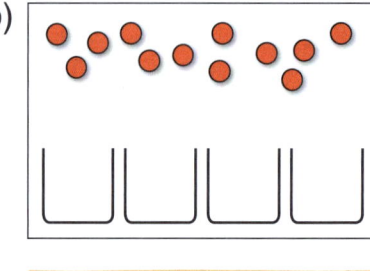

			:		=		

c)

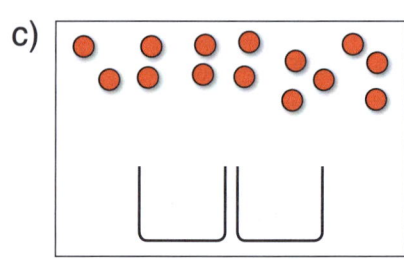

			:		=		

② Zeichne zu jeder Aufgabe wie bei ①.

a)

b)

c)

	9	:	3	=		

1	0	:	5	=		

1	2	:	2	=		

③ Vorsicht! Jetzt bleibt ein Rest.

a)

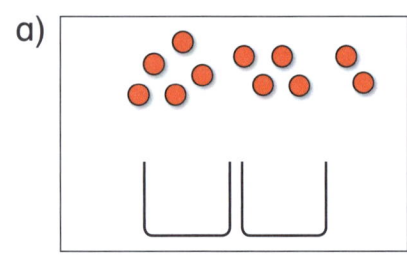

b)

c)

1	1	:	2	=		R	

1	0	:	4	=		R	

1	1	:	3	=		R	

④ Verteile gerecht.

Siehst du es auf einen Blick?

in 2 Teile   in 4 Teile   in 6 Teile   in 3 Teile

8	:	2	=		

8	:	4	=		

Zahlenzauber 2 – Arbeitsheft © 2016 Cornelsen Schulverlage GmbH, Berlin. Alle Rechte vorbehalten.

Aufteilen

① Kreise immer gleich viele Dinge ein.

a) Hier bleibt kein Rest.

 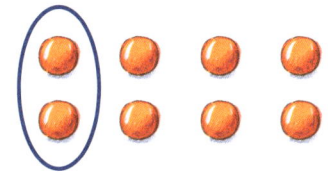 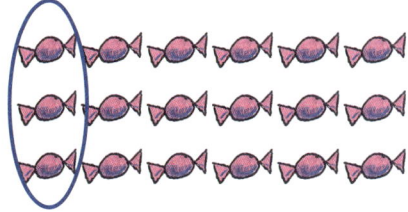

$12 : 6 =$ _____

b) Vorsicht! Manchmal bleibt ein Rest.

$18 : 4 =$ _____ R_____ $10 : 3 =$ _____

② Teile 12 Steine unterschiedlich auf. Schreibe die Rechnung dazu.

$12 : 2 =$ _____ $12 : 3 =$ _____ $12 : 4 =$ _____

$12 : 5 =$ _____ $12 : 6 =$ _____

Zahlenzauber 2 – Arbeitsheft © 2016 Cornelsen Schulverlage GmbH, Berlin. Alle Rechte vorbehalten.

1 Färbe Malaufgabe und Geteiltaufgabe, die zusammen gehören, gleich. Rechne.

7 · 2 = _____

45 : 5 = _____

3 · 3 = _____   9 · 9 = _____

9 : 3 = _____   10 : 2 = _____

4 · 10 = _____   5 · 2 = _____

81 : 9 = _____   40 : 10 = _____

9 · 5 = _____

14 : 2 = _____

2 Rechne Aufgabe und Umkehraufgabe.

a)

9 · 5 = _____
45 : 5 = _____

7 · 10 = _____
_____

8 · 8 = _____
_____

2 · 5 = _____
_____

b)

15 : 5 = _____
_____

36 : 6 = _____
_____

12 : 2 = _____
_____

80 : 10 = _____
_____

3 Rechne.

Denke an die Umkehraufgabe.

a) 16 : 2 = _____   b) 4 : 2 = _____   c) 90 : 10 = _____   d) 80 : 8 = _____

40 : 8 = _____   12 : 6 = _____   25 : 5 = _____   16 : 4 = _____

30 : 5 = _____   35 : 7 = _____   20 : 4 = _____   6 : 3 = _____

9 : 3 = _____   15 : 5 = _____   50 : 5 = _____   18 : 2 = _____

4 Schreibe zu den Ergebniskarten passende Malaufgaben.
Schreibe die Umkehraufgaben daneben.

12

18

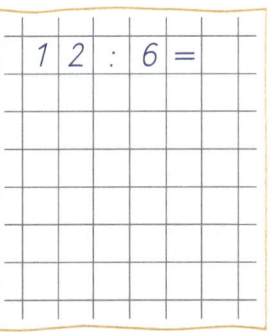

2 · 6 = 1 2
3 · =

1 2 : 6 =

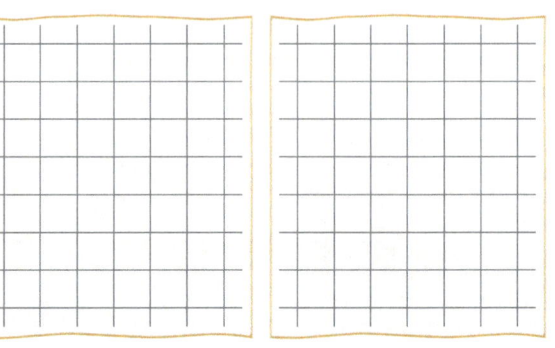

Zahlenzauber 2 – Arbeitsheft © 2016 Cornelsen Schulverlage GmbH, Berlin. Alle Rechte vorbehalten.

① Drei Zahlen – vier Aufgaben

a)

| 5 | 7 | 35 |

5 · ___ = _____

7 · ___ = _____

35 : ___ = _____

35 : ___ = _____

b)

| 70 | 10 | 7 |

c)

| 2 | 16 | 8 |

Denke dir selbst drei Zahlen aus, schreibe sie in dein 📖 und rechne vier Aufgaben dazu.

② Eine Zahl fehlt. Schreibe alle vier Aufgaben auf.

a)

b)

c)

| 5 | 30 | |

d)

e)

f)

③ Finde die passende Malaufgabe. Rechne beide Aufgaben.

a)

| 40 : 8 = ___ | 36 : 6 = ___ | 35 : 5 = ___ | 45 : 5 = ___ |
| ___ · 8 = 40 | ___ · 6 = ___ | ___ · ___ = ___ | ___ · ___ = ___ |

b)

| 30 : 5 = ___ | 18 : 2 = ___ | 49 : 7 = ___ | 70 : 10 = ___ |
| ___ · ___ = ___ | ___ · ___ = ___ | ___ · ___ = ___ | ___ · ___ = ___ |

Zahlenzauber 2 – Arbeitsheft © 2016 Cornelsen Schulverlage GmbH, Berlin. Alle Rechte vorbehalten.

Mach dir ein Bild vom Teilen

S B S. 102/103

1 Welche Rechnung gehört zum Bild, welche zum Text?
Rechne und verbinde.

a)

20 Nüsse werden an
5 Kinder verteilt.
Wie viele Nüsse erhält
jedes Kind?

20 : 4 = _____

20 : 5 = _____

b)

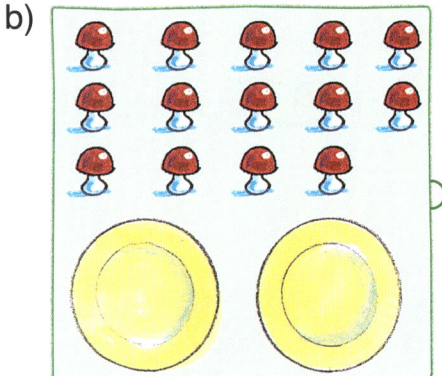

14 : 2 = _____

14 : 7 = _____

14 Kinder werden in
Siebenergruppen
aufgeteilt. Wie viele
Gruppen sind es?

2 Rechne im Kopf. Schreibe das Ergebnis auf.

a)

4 Nägel
für 1 Bild

8 Nägel für
_____ Bilder

40 Nägel für
_____ Bilder

b)

5 €
für 1 Becher

20 € für
_____ Becher

25 € für
_____ Becher

c)

6 Bauklötze
für 1 Turm

12 Bauklötze
für _____ Türme

36 Bauklötze
für _____ Türme

d)

4 Rosen
für 1 Strauß

16 Rosen für
_____ Sträuße

40 Rosen für
_____ Sträuße

3 a)

Eine Spinne hat 8 Beine.

Wie viele Spinnen sind es,
wenn du 40 Beine zählst?
_____ Spinnen

⭐ Und wenn du 24 Beine zählst?
_____ Spinnen

b)

Eine Fliege hat 6 Beine.

Wie viele Fliegen sind es,
wenn du 60 Beine zählst?
_____ Fliegen

⭐ Und wenn du 24 Beine zählst?
_____ Fliegen

Zahlenzauber 2 – Arbeitsheft © 2016 Cornelsen Schulverlage GmbH, Berlin. Alle Rechte vorbehalten.

1 Rechne. Denke an die verwandte Malaufgabe.

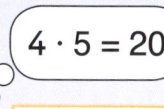

$4 \cdot 5 = 20$

$20 : 5 = $ ____

a) $35 : 5 = $ ____

$40 : 5 = $ ____

$25 : 5 = $ ____

b) $18 : 2 = $ ____

$16 : 8 = $ ____

$14 : 7 = $ ____

c) $80 : 10 = $ ____

$30 : 10 = $ ____

$50 : 10 = $ ____

2 Suche Malaufgaben zu diesen Zahlen.

Denke an die verwandte Malaufgabe.

18	40	64	12	20

3 Drei Zahlen – vier Aufgaben: Wie heißt die dritte Karte?

 7   5   35

 6   10

 2   18

45   9

4 Mal oder geteilt? Schreibe die Rechnung auf.

16 Kinder spielen Ball. Sie bilden vier Gruppen. Wie groß ist eine Gruppe?

Martin isst jeden Tag 2 Äpfel. Wie viele Äpfel isst er in einer Woche?

Jedes der 3 Kinder bekommt 5 Bonbons. Wie viele Bonbons wurden verteilt?

Im Topf sind 8 Würste. Mama legt auf jeden Teller 2. Wie viele Teller kann sie füllen?

Zahlenzauber 2 – Arbeitsheft © 2016 Cornelsen Schulverlage GmbH, Berlin. Alle Rechte vorbehalten.

1 Mit welchen Münzen und Scheinen kannst du diese Beträge legen?

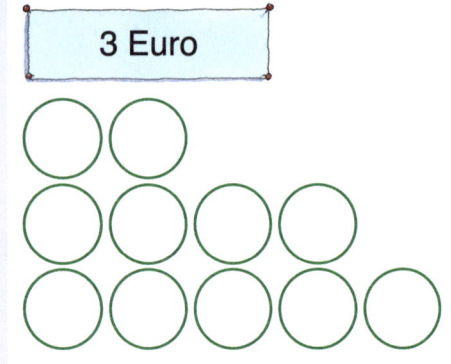

3 Euro

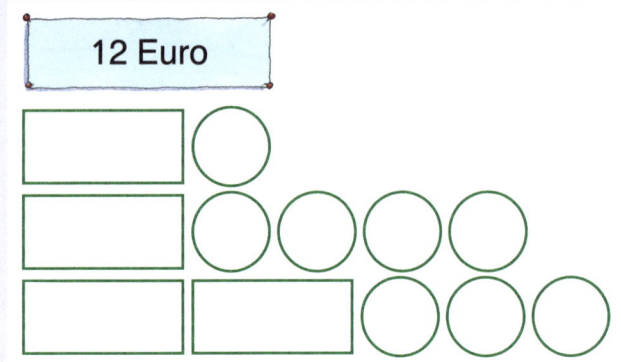

12 Euro

2 Berechne das Rückgeld.

Preis	gegeben	zurück
8 € 50 ct	10	
19 € 80 ct	20	
25 € 95 ct	50	
⭐	100	54 € 90 ct

Preis	gegeben	zurück
12 €	100	
44 € 50 ct	50	
17 € 30 ct	50	
⭐	20	3 € 30 ct

3 Teile gerecht. Bleibt ein Rest?

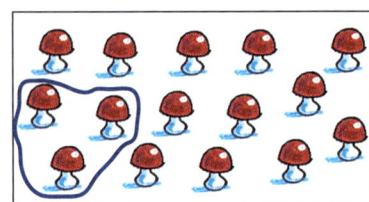

15 : 3 = _____

16 : 5 = _____

18 : 4 = _____

4 Die Malaufgabe hilft. Verbinde und rechne.

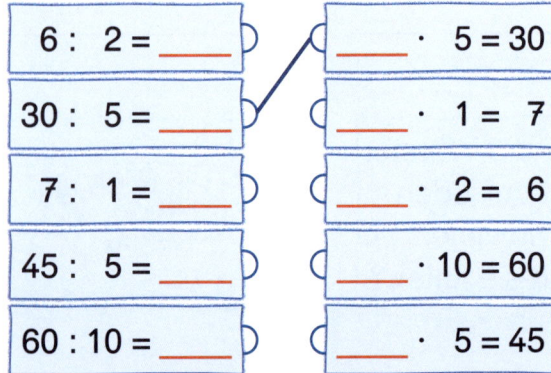

6 : 2 = ___	___ · 5 = 30
30 : 5 = ___	___ · 1 = 7
7 : 1 = ___	___ · 2 = 6
45 : 5 = ___	___ · 10 = 60
60 : 10 = ___	___ · 5 = 45

100 : 10 = ___	___ · 7 = 49
49 : 7 = ___	___ · 10 = 100
4 : 2 = ___	___ · 3 = 9
25 : 5 = ___	___ · 2 = 4
9 : 3 = ___	___ · 5 = 25

Zahlenzauber 2 – Arbeitsheft © 2016 Cornelsen Schulverlage GmbH, Berlin. Alle Rechte vorbehalten.

① Wie viele Würfel haben diese Treppen?

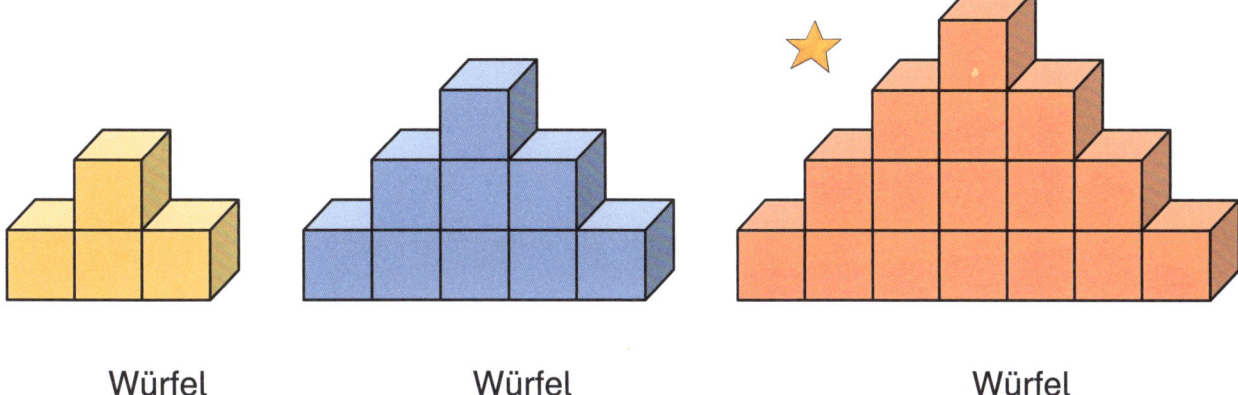

___ Würfel   ___ Würfel   ___ Würfel

⭐ Überlege: Wie sieht die nächste Treppe aus?

___ Würfel

② Ergänze die Baupläne.

a)

  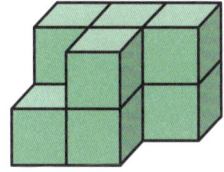 

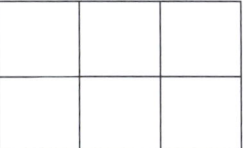 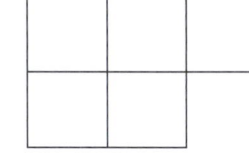 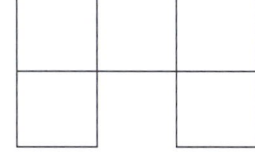

2		

b)

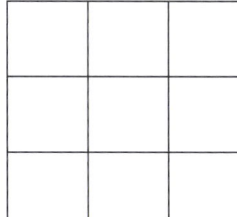 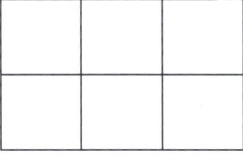 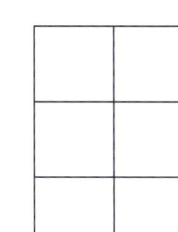

Zahlenzauber 2 – Arbeitsheft © 2016 Cornelsen Schulverlage GmbH, Berlin. Alle Rechte vorbehalten.

Kinder, wie die Zeit vergeht!

① Löse die Rätsel.

a)

> Paul ist 45 Jahre jünger als Thomas. Thomas ist 52. Wie alt ist Paul?

R: _____

A: _____

_____

b)

> Fred ist 12. Er ist doppelt so alt wie Anja und halb so alt wie Emma. Wie alt sind Anja und Emma?

R: _____

A: _____

_____

c)

> Hanna ist 4 Jahre älter als der 13-jährige Tim. Wie alt ist Hanna?

R: _____

A: _____

_____

 ② Was ist hier los?
Verändere die Fragen so, dass du rechnen kannst.

a)

> Leo hat 8 Sachbücher, 6 Tierbücher und 7 Krimis. Wie alt ist Leo?

F: _____

R: _____

A: _____

b)

> Nico ist 5 Jahre älter als seine 3-jährige Schwester. Wie heißt die Schwester?

F: _____

R: _____

A: _____

c)

> Die Zwillinge Susi und Anna sind zusammen 14 Jahre alt. Wie alt ist ihr Bruder?

F: _____

R: _____

A: _____

Zahlenzauber 2 – Arbeitsheft © 2016 Cornelsen Schulverlage GmbH, Berlin. Alle Rechte vorbehalten.

Zeitpunkte und Zeitspannen

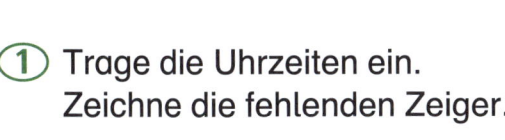

1 Trage die Uhrzeiten ein.
Zeichne die fehlenden Zeiger.

a)

Um diese Zeit geht Franz ins Bett.

_____ Uhr

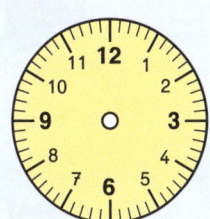

Er schläft 10 Stunden. Wann steht er auf?

_____ Uhr

b)

Jetzt beginnt der Kinofilm.

_____ Uhr

Der Film dauert 2 Stunden. Wann ist er zu Ende?

_____ Uhr

c)

Mateja macht eine Nachtwanderung. Sie startet um Mitternacht.

_____ Uhr

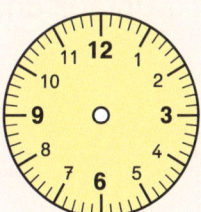

Sie wandert 60 Minuten. Wann ist sie zurück?

_____ Uhr

2 Wie viele Minuten sind vergangen? Schreibe auf.

a)

_____ min

b)

_____ min

c)

_____ min

d)

_____ min

e)

_____ min

f)

_____ min

g)

_____ min

h)

_____ min

i)

_____ min

j)

_____ min

k)

_____ min

l)

_____ min

Zahlenzauber 2 – Arbeitsheft © 2016 Cornelsen Schulverlage GmbH, Berlin. Alle Rechte vorbehalten.

① Verbinde die Uhren mit den passenden Sprechblasen.

15 Uhr 45

15 Uhr 30

Viertel
vor 4

drei viertel 4

15 Uhr 15

Viertel
nach 3

halb 4

30 Minuten
nach 15 Uhr

② Schreibe immer die Uhrzeit und eine Sprechweise auf.

_____ . _____ Uhr   _____ . _____ Uhr   _____ . _____ Uhr

Es ist _____   Es ist _____   Es ist _____

_____   _____   _____

③ Schreibe immer beide Uhrzeiten auf.

a) 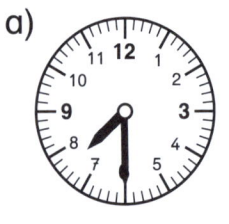   b)    c) 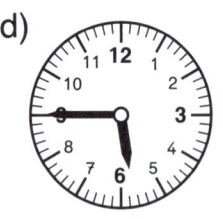   d)   e)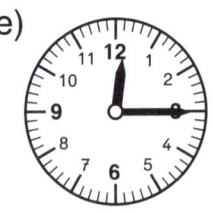

_____ Uhr _____ Uhr _____ Uhr _____ Uhr _____ Uhr

_____ Uhr _____ Uhr _____ Uhr _____ Uhr _____ Uhr

Zahlenzauber 2 – Arbeitsheft © 2016 Cornelsen Schulverlage GmbH, Berlin. Alle Rechte vorbehalten.

① Schreibe die Uhrzeiten auf.

a)

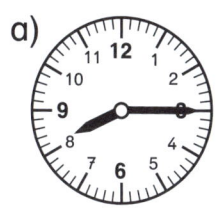    

☀ _8.15_ Uhr   ☀ _____ Uhr   ☀ _____ Uhr   ☀ _____ Uhr   ☀ _____ Uhr

🌙 _____ Uhr   🌙 _____ Uhr   🌙 _____ Uhr   🌙 _____ Uhr   🌙 _____ Uhr

b)

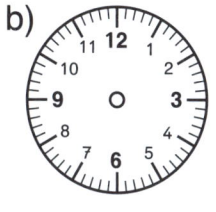    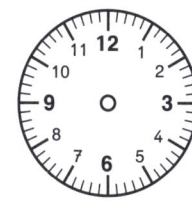

09:15   14:30   17:45   00:00   06:30

② So lange haben Kinder am Computer gespielt:
Wie viele Minuten sind vergangen? Schreibe auf.

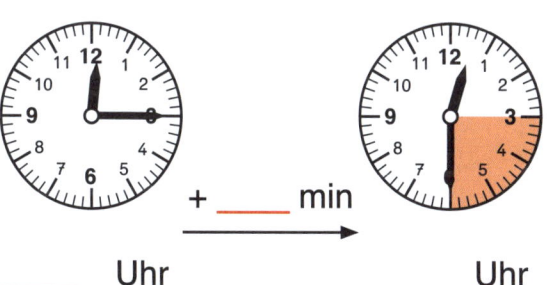

+ ____ min

_____ Uhr   _____ Uhr

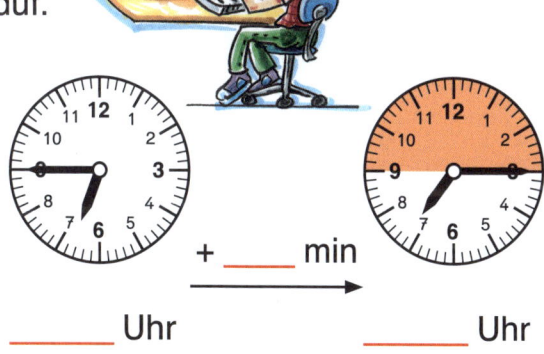

+ ____ min

_____ Uhr   _____ Uhr

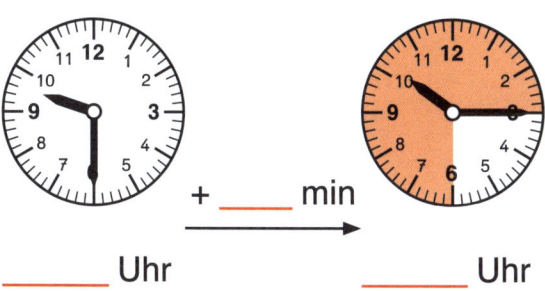

+ ____ min

_____ Uhr   _____ Uhr

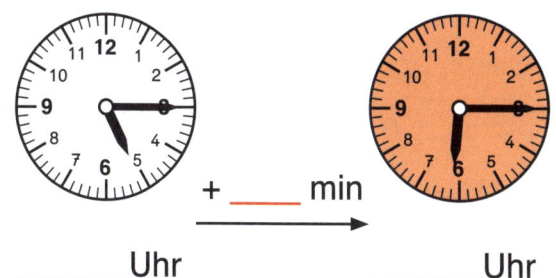

+ ____ min

_____ Uhr   _____ Uhr

Wie lange spielst du am Computer? Sprecht in eurer Klasse darüber.

Zahlenzauber 2 – Arbeitsheft © 2016 Cornelsen Schulverlage GmbH, Berlin. Alle Rechte vorbehalten.

Rechengitter

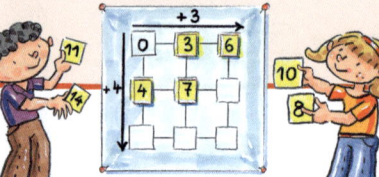

① Trage die fehlenden Zahlen ein.

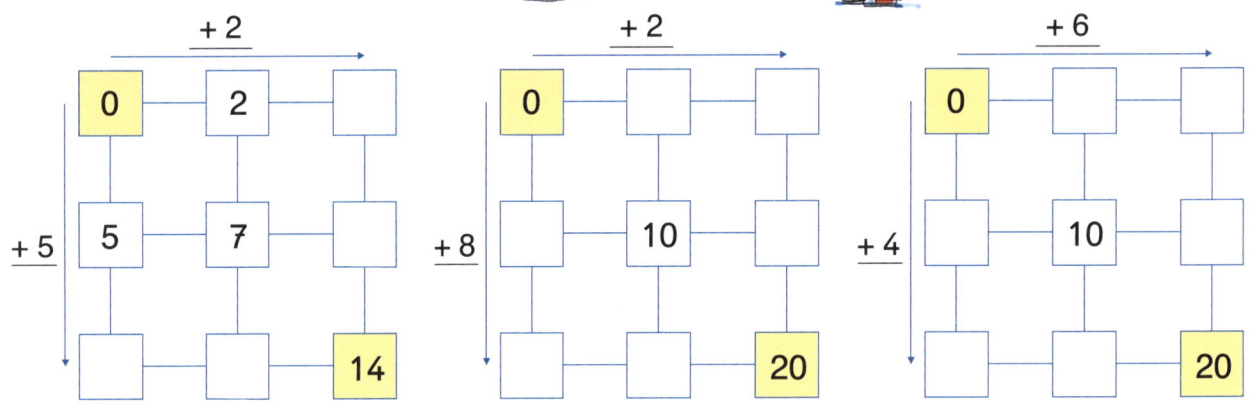

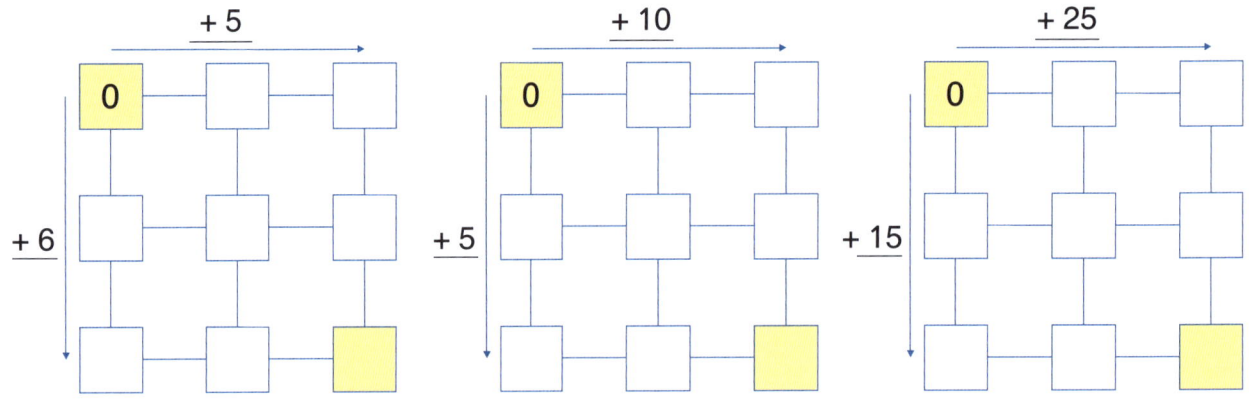

② Die Zielzahl ist 60. Wie viele Lösungen findest du?

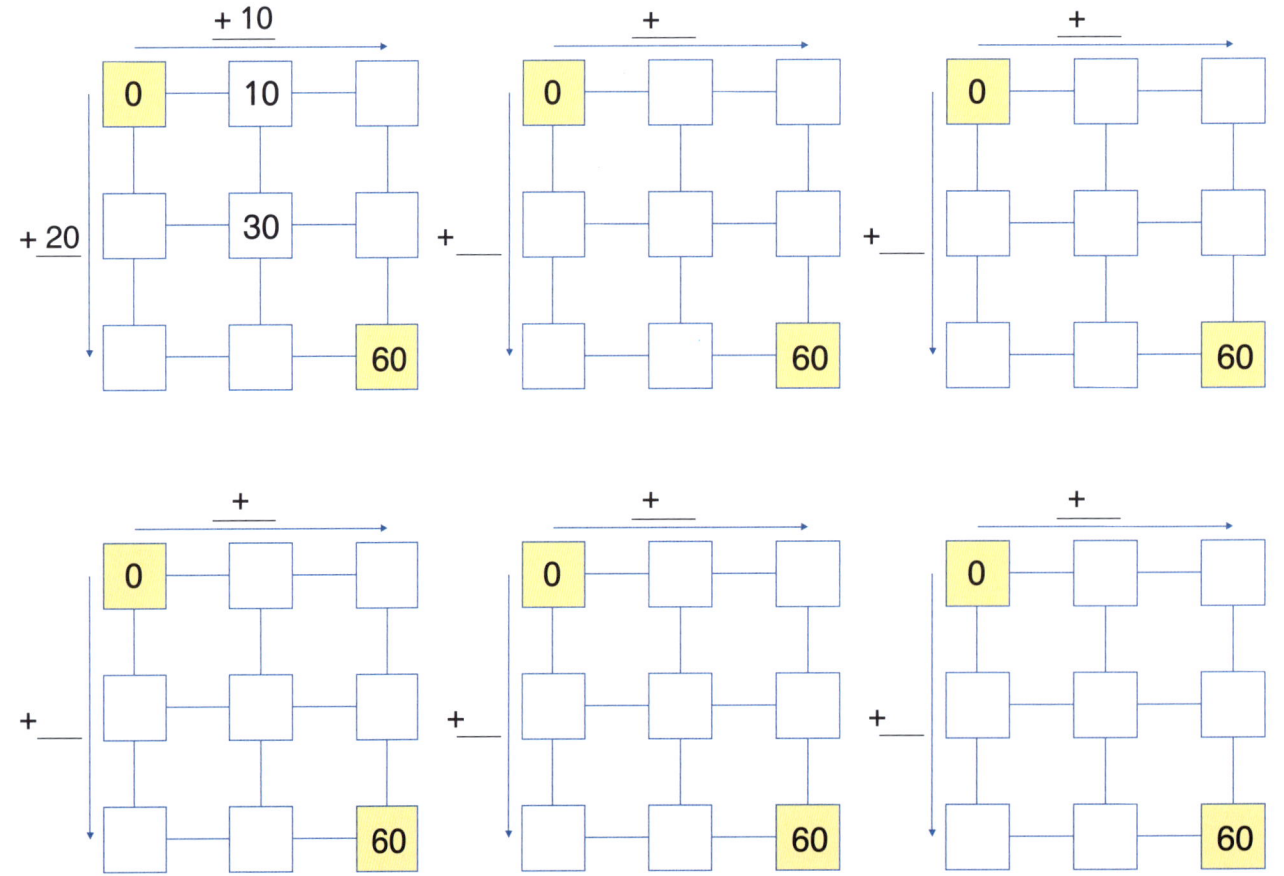

Zahlenzauber 2 – Arbeitsheft © 2016 Cornelsen Schulverlage GmbH, Berlin. Alle Rechte vorbehalten.

① Probiere aus: | Zehner plus Zehner, Einer plus Einer |

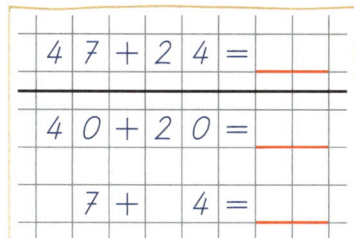

$47 + 24 =$

$40 + 20 =$

$7 + 4 =$

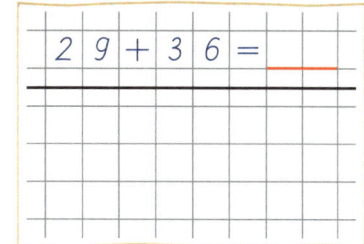

$29 + 36 =$

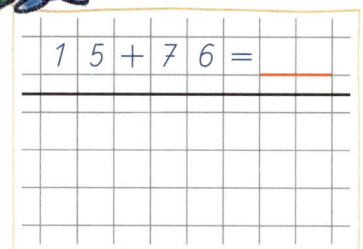

$15 + 76 =$

② Wähle aus: | erst plus Z, dann plus E | | erst plus E, dann plus Z |

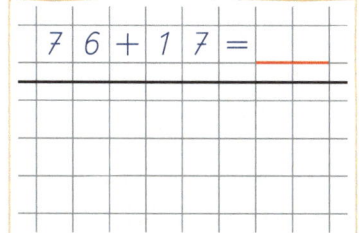

$76 + 17 =$

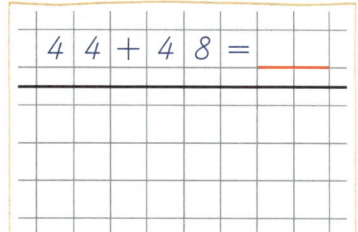

$44 + 48 =$

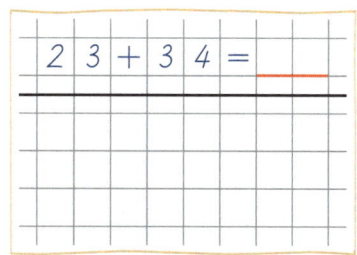

$23 + 34 =$

③ Probiere aus: | Rechentrick: nahe beim vollen Zehner |

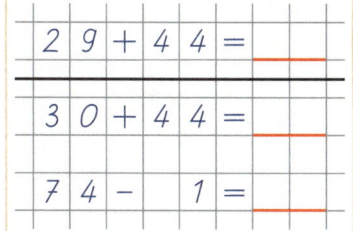

$29 + 44 =$

$30 + 44 =$

$74 - 1 =$

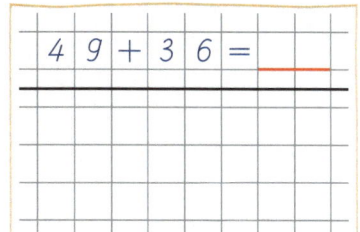

$49 + 36 =$

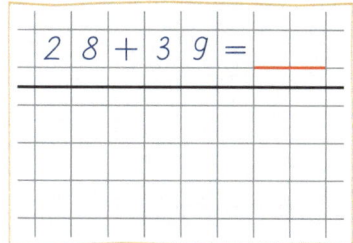

$28 + 39 =$

④ Rechne auf deinem Weg.

a) $67 + 26 = \underline{}$

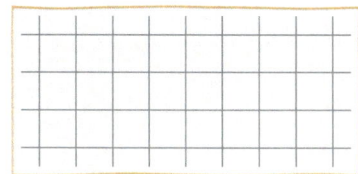

b) $83 + 14 = \underline{}$

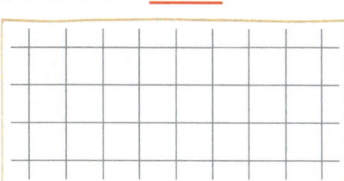

c) $25 + 68 = \underline{}$

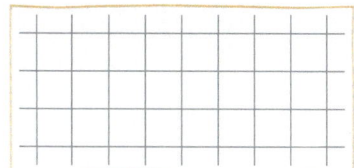

$56 + 36 = \underline{}$

$75 + 18 = \underline{}$

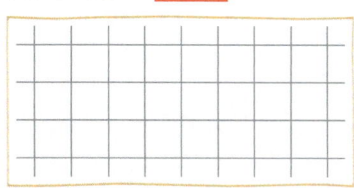

$46 + 38 = \underline{}$

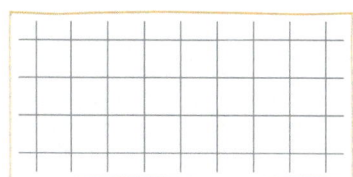

$16 + 65 = \underline{}$

$28 + 43 = \underline{}$

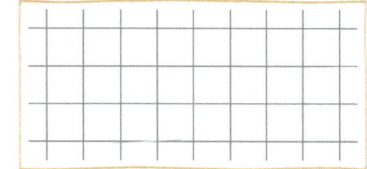

⭐ $34 + 76 = \underline{}$

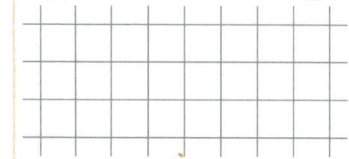

Zahlenzauber 2 – Arbeitsheft © 2016 Cornelsen Schulverlage GmbH, Berlin. Alle Rechte vorbehalten.

① Probiere aus: | Ergänzen: ⊕ statt ⊖ |

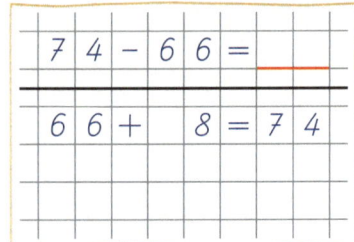

74 − 66 =

66 + 8 = 74

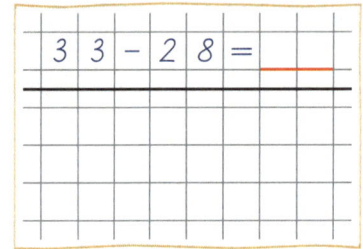

33 − 28 =

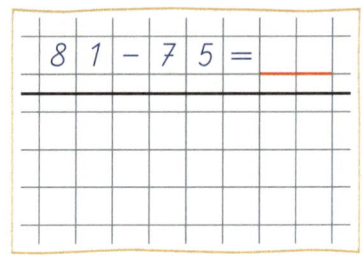

81 − 75 =

② Wähle aus: | erst minus Z, dann minus E | | erst minus E, dann minus Z |

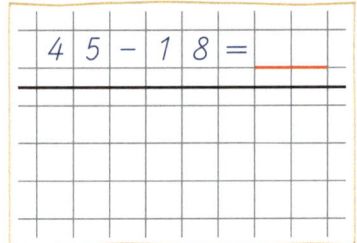

45 − 18 =

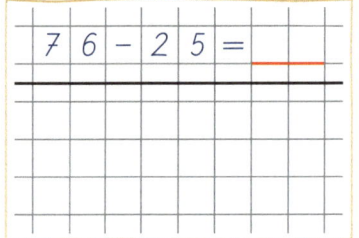

76 − 25 =

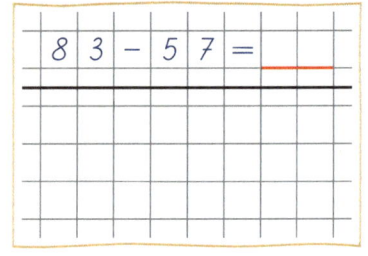

83 − 57 =

③ Probiere aus: | Rechentrick: nahe beim vollen Zehner |

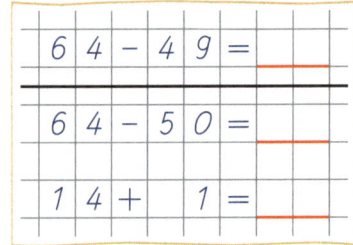

64 − 49 =

64 − 50 =

14 + 1 =

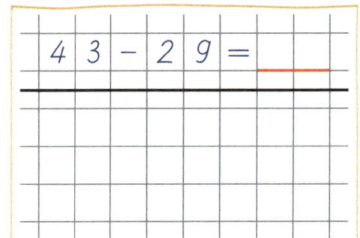

43 − 29 =

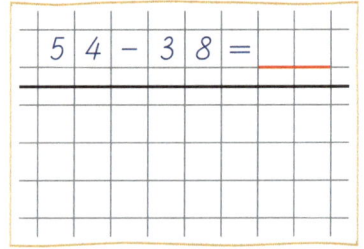

54 − 38 =

④ Rechne auf deinem Weg.

a) 66 − 27 = ____

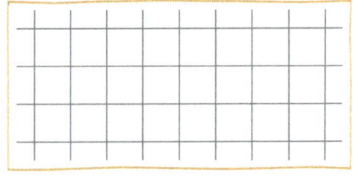

b) 83 − 14 = ____

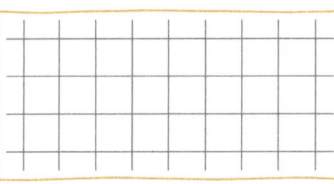

c) 68 − 25 = ____

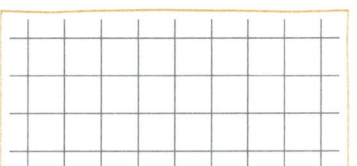

76 − 34 = ____

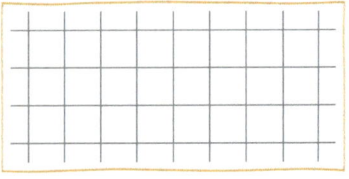

75 − 18 = ____

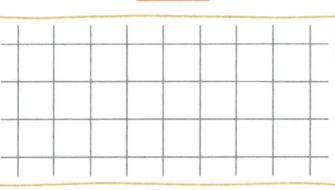

46 − 38 = ____

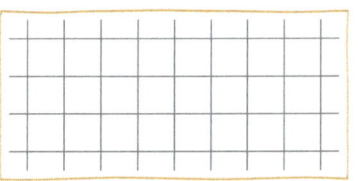

65 − 16 = ____

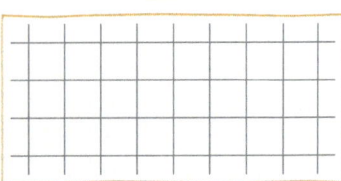

43 − 28 = ____

56 − 36 = ____

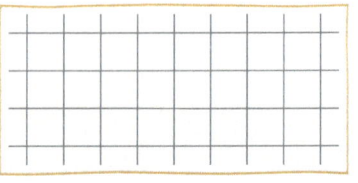

Zahlenzauber 2 – Arbeitsheft © 2016 Cornelsen Schulverlage GmbH, Berlin. Alle Rechte vorbehalten.

① Ergänze die Rechendreiecke.

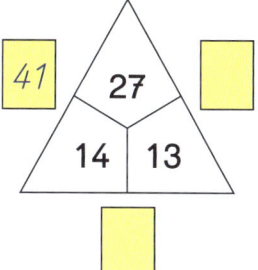 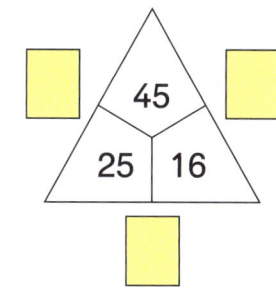 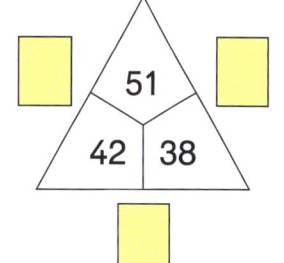 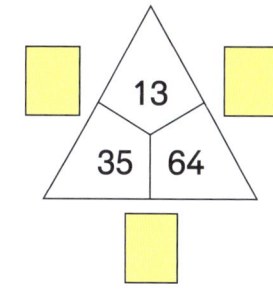

 Male Rechendreiecke in dein 📖 und ergänze sie.

② Ergänze die Rechendreiecke.

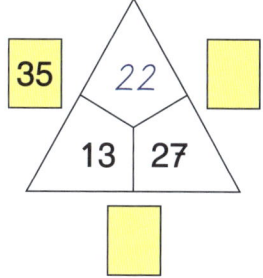 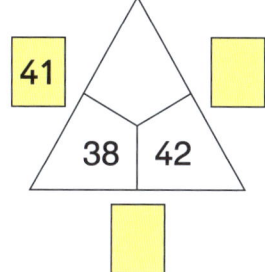 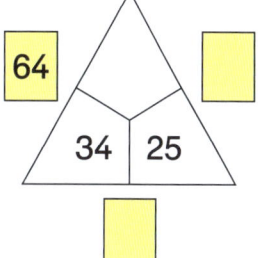 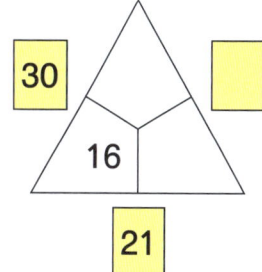

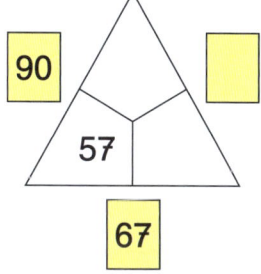 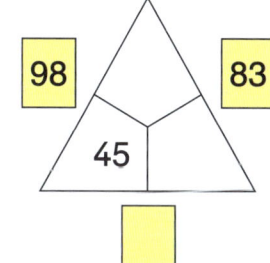 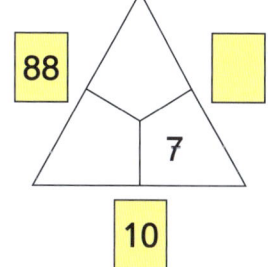 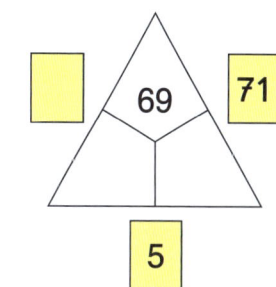

③ Erfinde Rechendreiecke, deren Innenzahlen zusammen 50 ergeben.

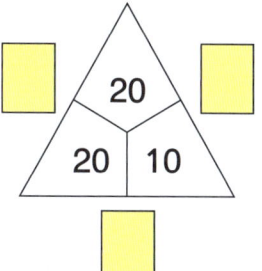 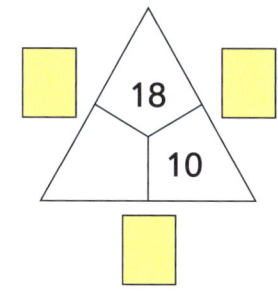 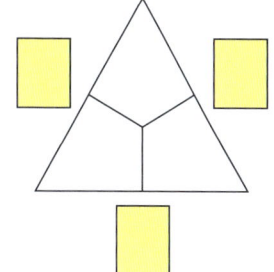 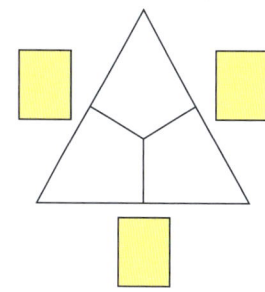

 ④ Knobeldreiecke

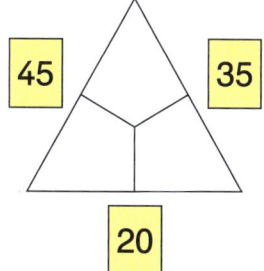 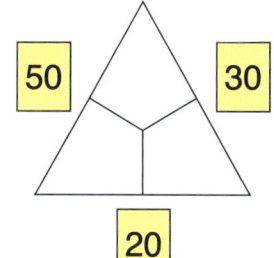 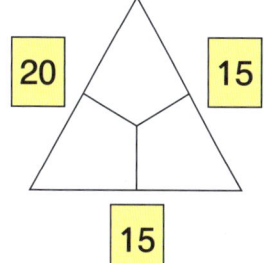 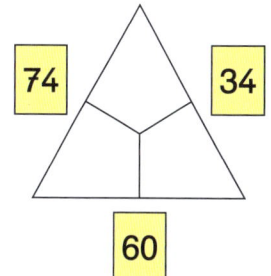

Zahlenzauber 2 – Arbeitsheft © 2016 Cornelsen Schulverlage GmbH, Berlin. Alle Rechte vorbehalten.

1 Wie heißen die Zahlen?

Z	E

___Z + ___E = _____

Z	E

___Z + ___E = _____

Z	E

___Z + ___E = _____

2 <, > oder =?

78 ◯ 87   64 ◯ 46   53 ◯ 35   30 + 21 ◯ 50

4E 3Z ◯ 43   60 ◯ 9Z   5Z 1E ◯ 51   7Z 1E ◯ 80

3 Rechne.

a) 22 + 3 = _____   b) 48 − 6 = _____   c) 19 + 6 = _____   d) 32 − 7 = _____

46 + 4 = _____   27 − 3 = _____   88 + 5 = _____   53 − 6 = _____

31 + 7 = _____   85 − 5 = _____   63 + 8 = _____   72 − 4 = _____

4 Rechne.

a) 23 + 14 = _____   b) 88 − 33 = _____   c) 46 + 27 = _____   d) 81 − 25 = _____

34 + 25 = _____   27 − 15 = _____   58 + 36 = _____   64 − 37 = _____

73 + 16 = _____   78 − 42 = _____   32 − 14 = _____   71 − 25 = _____

5 Drei Zahlen – vier Aufgaben

8, 5, 40	5, 7, 35	2, 9, _____	_____, 5, 45

_____   _____   _____   _____

_____   _____   _____   _____

_____   _____   _____   _____

_____   _____   _____   _____

Zahlenzauber 2 – Arbeitsheft © 2016 Cornelsen Schulverlage GmbH, Berlin. Alle Rechte vorbehalten.

1 Aus wie vielen Würfeln bestehen diese Würfelgebäude?

a)

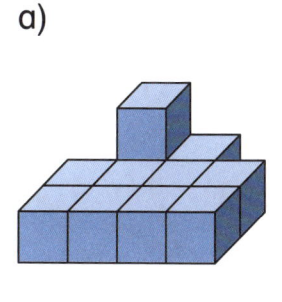

____ Würfel

b)

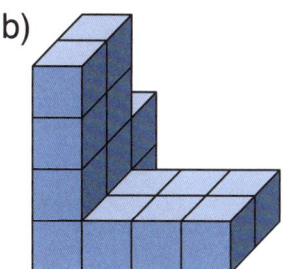

____ Würfel

c)

____ oder ____ Würfel

d)

____ Würfel

2 Wie viele Minuten sind vergangen?

____ min

____ min

____ min

____ min

3 Denke an den Rechentrick: nahe beim vollen Zehner .

40 + 54 ist leichter

a) 39 + 54 = ____

75 + 19 = ____

64 + 28 = ____

b) 81 − 49 = ____

55 − 28 = ____

34 − 19 = ____

c) 27 + 49 = ____

92 − 38 = ____

78 + 14 = ____

4 Bunte Beutel

a) Packe immer zwei Steine in einen Beutel. Zeichne alle Möglichkeiten.

A: Es gibt ____ Möglichkeiten.

b) Packe immer drei Steine in einen Beutel. Zeichne alle Möglichkeiten.

A: Es gibt ____ Möglichkeiten.

c) Packe immer vier Steine in einen Beutel. Zeichne alle Möglichkeiten.

A: Es gibt ____ Möglichkeiten.

d) Was fällt dir auf? Wie geht es weiter? _____

Zahlenzauber 2 – Arbeitsheft © 2016 Cornelsen Schulverlage GmbH, Berlin. Alle Rechte vorbehalten.

1 Male die Sterne in den passenden Farben an.

2 Wie kommen Simsala und Bim zu Eulalia?
Löse die Rechnung auf dem 1. Stein. Das Ergebnis zeigt dir den Weg.
Verbinde mit Pfeilen.

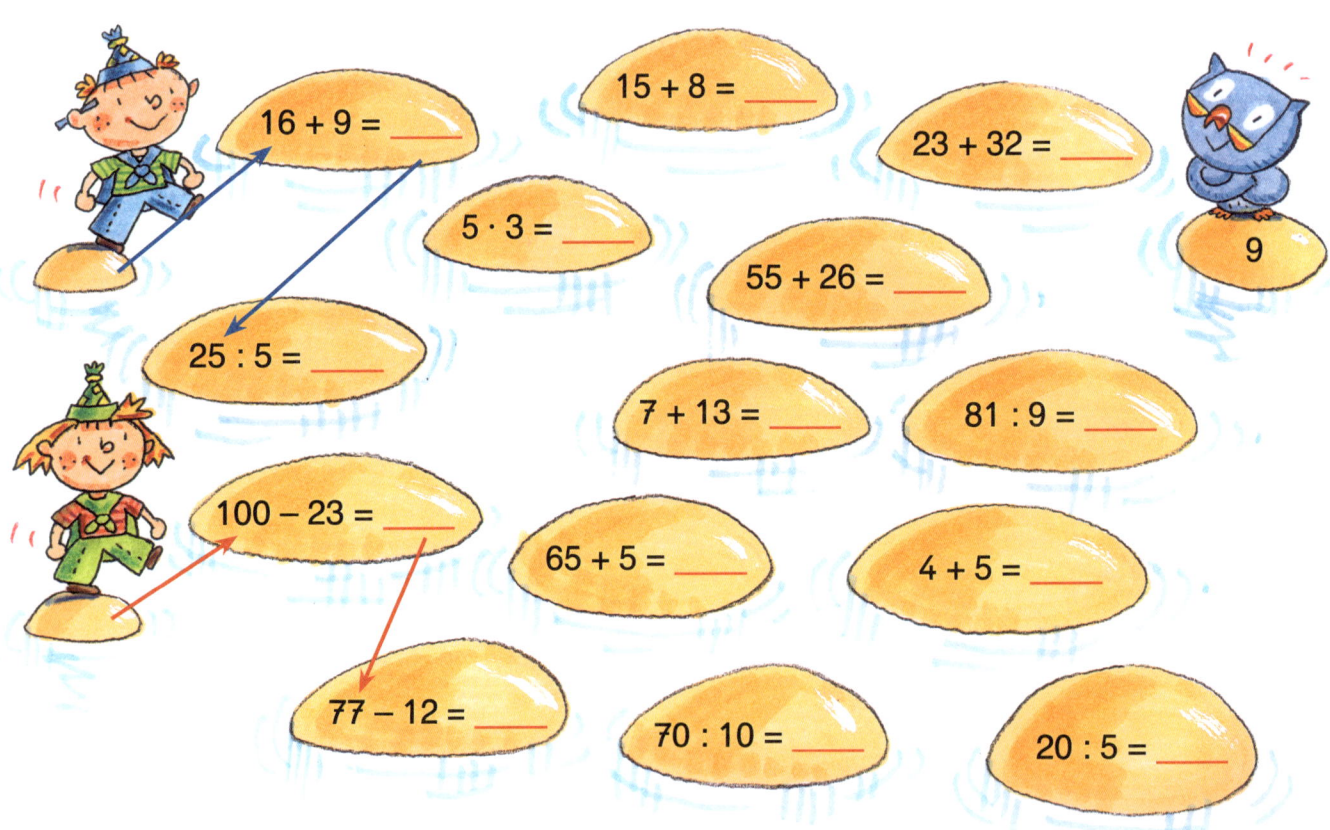

 **3** Geheimschrift!

Zahlenzauber 2 – Arbeitsheft © 2016 Cornelsen Schulverlage GmbH, Berlin. Alle Rechte vorbehalten.